玉林师范学院人才专项项目资助

中小学思想品德教学策略与设计研究

丁祥艳◎著

吉林大学出版社

长 春

图书在版编目（ＣＩＰ）数据

中小学思想品德教学策略与设计研究 / 丁祥艳著.—
长春：吉林大学出版社，2019.6
ISBN 978-7-5692-4976-7

Ⅰ.①中… Ⅱ.①丁… Ⅲ.①思想品德课—教学研究
—中小学 Ⅳ.①G633.202

中国版本图书馆CIP数据核字(2019)第123099号

书　　　名	中小学思想品德教学策略与设计研究
	ZHONG-XIAOXUE SIXIANG PINDE JIAOXUE CELÜE YU SHEJI YANJIU

作　　　者　丁祥艳 著
策划编辑　王洋
责任编辑　王洋
责任校对　宋睿文
装帧设计　王国会
出版发行　吉林大学出版社
社　　　址　长春市人民大街4059号
邮政编码　130021
发行电话　0431-89580028/29/21
网　　　址　http://www.jlup.com.cn
电子邮箱　jdcbs@jlu.edu.cn
印　　　刷　长春市华远印务有限公司
开　　　本　787mm×1092mm　　　1/16
印　　　张　8.75
字　　　数　170千字
版　　　次　2019年6月　　第1版
印　　　次　2019年6月　　第1次
书　　　号　ISBN 978-7-5692-4976-7
定　　　价　45.00元

前　言

20 世纪 80 年代以后,我国教育领域开始了对教学策略问题的探讨。随着基础教育改革的深入,教学策略逐渐成为教学理论研究和教学实践探索中的重要课题。就像我们认识一个概念一样,需要经历平面的和静态的认识才能一步一步上升到有联系的、动态的发展思维层次,它是我们思维发展的必经阶段。

以往对思想品德学科的研究是平面的、静态的认识,思想政治学科教学也是一个概念,对它的本质性把握,同样需要经历这样一个思维过程。这就是说,在认识概念的本质之前,我们需要在相对静止的层次来分析,以获得对概念的相对静止层面的不同层次的认识。那些平面的、静态的认识是必然的,我们需要尊重它们。所以,现在我们来研究思想品德课的教学策略,必然要用有联系的、动态的、变化的、生成的、发展的思维方式去梳理。从不同角度研究教学策略,就会有其不同的诠释,这些认识可以使我们从不同角度理解策略,丰富我们对教学策略的研究。

随着现代教学理论、传播理论、教育技术等的发展,教学设计已成为教学理论研究和教学实践探索的重要课题。教学设计作为教师对教学活动进行的系统规划、安排与决策,是沟通教学理论和教学实践的重要环节,它不仅是教学活动顺利进行的保证,而且也是教师专业发展和提高的重要途径。以策略的思维方式考虑教学设计,是要将教学过程中的诸要素放在联系的和动态的发展过程中去认识和组织。

本书共分为六章。第一章是对中小学思想品德教学策略的概述,第二章是对中小学思想品德教学设计的概述,这两章主要从理论方面讲述与教学策略和设计相关的知识。第三章讲的是中小学思想品德微观的教学策略,第四章讲述中小学思想品德的探究式教学策略,这两章是对教学策略的具体阐述。第五章讲述中小学思想品德的教学活动设计,主要从备课、导入、提问等方面进行详细介绍。第六章是对教学设计呈现方式的介绍。

本书在撰写过程中参考和借鉴了诸多专家、学者的前沿研究成果与文献资料,在此向相关作者表示诚挚的谢意。由于自身水平与时间有限,书中错误与阐述不足之处定然颇多,还望读者海涵。

作　者

2019 年 1 月

目　录

第一章　中小学思想品德教学策略概述

课堂教学是中小学思想品德教育的基本组织形式。课堂教学的实施策略是课堂教学的重要影响因素,对课堂教学目标的实施和课堂教学质量的提高具有重要意义。中小学思想品德课堂教学实施策略的内容极为复杂,具有特定的应用方法和操作要求。要确定和应用好课堂教学的实施策略,首先要对其基础知识有所了解。本章重点研究了中小学思想品德课堂教学实施策略的含义、特征、结构和制定。

第一节　中小学思想品德教学策略的界定

一、课堂教学及其实施

课堂教学是教师按照规定的课程计划和课程标准,在规定的时间内教授一定数量学生的一种教学形式。17 世纪,以捷克教育家夸美纽斯为代表,对课堂教学进行了理论论证和总结,使其成为一种基本的教学组织形式。课堂教学体系产生后,迅速受到世界各国的推崇,成为教学的基本组织形式。

如何发展课堂教学? 按照什么样的基本步骤来实施? 这是中外教育工作者一直在探讨的问题。在中国古代的《中庸》一书中,有一个学习过程理论,即"博学、审问、慎思、明辨、笃行";德国教育家赫尔巴特把教学过程分为"明了、联合、系统、方法"四个阶段;美国教育家杜威认为教学过程的程序是"设置问题情景、确定问题、拟订解决问题方案、执行计划、总结与评价";苏联教育家凯洛夫提出教学过程的程序结构是"感知教材、理解教材、巩固知识、应用知识"。应该说这些理论都有其存在的合理性,但是,随着基础教育改革的发展,这些观点的缺陷也越来越明显。主要表现有两个:一个是以教授或学习其中的一个方面作为整个课堂教学过程的基础,很少把教授和学习两个方面同时作为课堂教学的基础;另一个是他们将课堂教学仅当作课堂上的教学,将课堂教学视为课堂上的单独的教学活动,忽略了一些与课堂教学不可分割但存在于课堂外的教学环节。

从课堂教学活动的实际开展过程来看,课堂教学的运行过程可以分为三个基本步骤,即课堂教学准备、课堂教学实施和课堂教学评价。

第一,课堂教学准备。这是课堂教学开展的必要前提,也是课堂教学的基础性环节。课堂教学准备不仅包括教师教的准备,还包括学生学的准备。教师需要准备的是:充分研究课程标准和教材、全面了解学生和教学条件、合理设计教学方案等;学生需要做好的准备是:培养学习兴趣、制订学习计划、做好课前预习等。

第二,课堂教学实施。这是课堂教学的中心环节,是在教学准备的基础上,在课堂上实际开展教学活动的过程。课堂教学实施包括教学实施的形式、方法和手段等。这一教学活动过程在空间上局限于教室,在时间上局限于课堂的教学时间,在构成要素上涉及教学主体、教学内容、教学方法、教学媒体等。

第三,课堂教学评价。这是反馈和检测课堂教学成效、促进课堂教学发展的必要环节。它包括对教师的评价和对学生的评价。通过课堂教学评价,可以获得课堂教学的信息反馈,总结成果和经验,明确存在的问题和不足,从而可以调整课堂教学进程,更好地促进课堂教学的发展。

二、教学策略与教学实施策略

《辞海》中将"策略"定义为"计谋策略"。"策略"一词最早出现在军事领域,后来,在很多领域都产生了与策略有关的各种概念,例如教学策略、人际关系策略、市场营销策略等,通常指为实现某些目标而采用的手段和方法。不同的学者对教学策略也有不同的看法。

有些学者认为教学策略指的是教学方法或教学方式。例如,张大均认为教学策略是为了达到教学目标和适应学生学习需要而采用的教学行为方式或教学活动方式,是组成教学设计的一部分。施良方也提出,教学策略是教师在课堂上为了达到教学目标而采取的特定的教学方式或教学方法。教育策略要根据教学实际情况和学生的需求而不断变化。

有些学者认为教学策略是动态的行为或行为过程。例如,邵瑞珍认为,教学策略是教师为了实现一定的教学目标而在教学过程中采取的一系列相对系统的行为。和学新认为,教学策略是在明确了解教学活动的基础上,对教学活动进行规范和控制,以达到教学目的和完成教学任务的一系列实施过程。

有些学者认为教学策略就是解决教学问题的知识。例如,黄高庆和申继亮认为,教学策略主要包括三个方面的内容:一是解决教学问题的技术和方法;二是关于这些技术和方法的运作;三是有目的、有计划的操作程序和操作要求。归为一句话,教学策略是一种有效解决教学问题的方法、技术的操作原则和程序的知识。

还有一些学者从动态和静态两个维度分析教学策略。例如,李晓文和王莹认为教学策略具有动态的教学活动维度和静态的内容构成维度。他们还指出在教学策略的动态维度中,教学活动是指教师自觉选择提高教学效率的教学方法和灵活处理的过程。

虽然人们对教学策略内涵的理解不同,但总的来说,他们都认为实施教学策略的目的是达到教学目标、提高教学效率。教学活动和过程中使用的方式是教学策略的重点,因此,教学策略是在特定的教学理论指导下,教师和学生为提高教学效率所选择的教学活动方式。

三、中小学思想品德课堂教学实施策略

中小学思想品德课堂教学实施策略指的是在一定的教学理论指导下,为实现中小学思想品德课堂教学目标,提高课堂教学效率,思想品德教师和学生在课堂教学活动中所选择和采用不同的活动方式和策略。根据这一定义,在对中小学思想品德课堂教学实施策略的概念把握上我们需要注意以下几方面要求。

第一,中小学思想品德课堂教学实施策略是课堂教学活动的一种方式和策略。课堂教学实施策略侧重于课堂教学的具体实施,是师生对如何开展教学的方式选择和策略运用。课堂教学实施策略与具体教学方法的不同之处在于它比教学方法具有更广泛的延伸性和更高的层次;它也与一般教学原则不同,具有更具体、明确的内容及操作程序与技能供教师和学生使用。

第二,中小学思想品德课堂教学实施策略是以具体的教学理论为基础的,课堂教学实施策略作为课堂教学的方式选择和策略运用,需要一定的教学理论来支持。它们的选择和应用应在某些特定的教学理论的指导下进行,在不同教学理论的指导下,教师采用的课堂教学策略将大不相同。

第三,中小学思想品德课堂教学实施策略直接指向教学目标和教学效率。教学目标是教学活动的绝对中心,教学效率是教学活动的重要追求。因此,课堂教学实施策略应注重加强目标定位、教学目的、完成教学任务、直接解决教学问题、提高

教学效率。

第四，中小学思想品德课堂教学的实施策略包括教师教学的策略和学生学习的策略。课堂教学的实施是师生之间双向互动的过程，是教师教学与学生学习的辩证统一。课堂教学的实施策略自然包括"教学"和"学习"。不仅要关注教师教学的策略，还要注重学生学习的策略，真正实现教学与学习的有机结合。应该强调的是，在教学中，要注意学生学习的策略，但往往需要更加关注教师教学的策略。

中小学思想品德课程在中小学课程体系中具有明显的思想品德教育性质，它不仅担负着中小学思想品德教育的主要任务，还承载着中小学思想品德教育的主要内容，它是中小学思想品德教育主要渠道的教学科目。这个教学科目在不同的国家和地区及不同的历史时期会有所不同。自1981年开始，中国在各个小学都设立了思想品德课。作为学校德育的重要组成部分或作为德育工作的主要渠道，思想品德课程力求"在帮助学生树立正确的政治方向，培养良好的道德素质，培养文明的行为习惯，形成正确的世界观、人生观和价值观方面发挥重要作用。"①

小学一年级和二年级使用的思想品德教材是《品德与生活》，它是一门新型的综合性课程，把小学低年级原来的思想品德课、自然课和活动课整合为一体。它不同于传统意义上的思想品德课、自然课和活动课，它是具有品德教育、科学教育、社会教育和生活教育等多重教育价值的综合课程。小学三至六年级使用的思想品德教材是《品德与社会》，它是以小学中高年级原有的思想品德课和社会课为基础，进而整合成的一门新型的综合性课程，它的目的是促进学生良好的道德品质的形成和社会性的发展。《品德与生活》是本学科课程的基地，《品德与社会》则是小学阶段通向中学阶段的桥梁，它连接着初中阶段的思想品德和历史与社会（地理）学科。

初中思想品德课程是一门以初中生生活为基础，教育和促进初中生思想品德发展的综合性课程。其目的是促进初中学生正确思想和道德品质的形成和发展，为学生成为有理想、有道德、有文化、有纪律的社会主义合格公民奠定基础。

高中思想品德课以社会主义物质文明、政治文明、精神文明建设常识为基本内容，对学生进行马克思列宁主义、毛泽东思想、邓小平理论、"三个代表"重要思想、科学发展观、习近平新时代中国特色社会主义思想的基本观点教育，引导学生紧密结合与自己息息相关的经济、政治、文化生活，探究学习和社会实践，领悟辩证唯物

---

① 中华人民共和国教育部.九年义务教育小学思想品德和初中思想政治课课程标准（修订）[M].北京:人民教育出版社,2001.

主义和历史唯物主义的基本观点和方法,切实提高参与现代社会生活的能力,逐步树立建设中国特色社会主义的共同理想,初步形成正确的世界观、人生观、价值观,为终身发展奠定思想品德素质基础。

第二节 中小学思想品德教学策略的特征

我们可以从不同角度考察中小学思想品德教学实施策略的特征。一方面,作为课堂教学实施策略,它必须具备课堂教学实施策略的一般特征;另一方面,作为一种特定学科的课堂教学实施策略,它应具有与其他学科课堂教学实施策略不同的特征。

一、中小学思想品德教学策略的一般特征

(一)明确的目的性

教学目标是教学活动的核心,是教学过程的出发点和归宿,对整个教学活动带来了强大的规范效应,是组织和开展教学活动的依据。因此,课堂教学实施策略必须有明确的目标。围绕教学目标制定和应用,以达到特定的教学目的,取得良好的教学成果。

就课堂教学实施策略本身而言,它也具有特定的指向和功能。任何教学实施策略都侧重于解决具体问题、开展具体的教学活动,最终实现具体的教学目标、完成具体的教学任务。教学实施策略只有在一定的条件下和范围内,才能发挥它的价值,超出了这一范围,它的价值也就不存在了。因此,没有无所不能的课堂教学实施策略。

(二)强烈的针对性

课堂教学实施策略并非随意的制定,其最基本的依据就是教学目标,此外,还要特别针对教学内容和学生的实际情况。

由于中小学思想品德学科的各个部分都有自己的特点,教学内容多样化,因此,对教学实施的要求也不同。有的注重知识教学,有的注重思想教育,有的强调情感体验和升华,还有的力求行为的训练和培养等。这就意味着在教学实施策略的制定和应用中,要考虑不同的教学内容及其特殊的教学实施要求,并提高教学实

施策略和教学内容的适宜性。

教学的最终目标是学生的学习和发展。不同的学生在年龄、知识水平、学习心理、兴趣爱好等方面都有不同的特点。因此，课堂教学的实施策略必须根据学生的特点来制定。通过这种方式，可以增强教学实施策略与学生发展的适应和有效程度，使教学实施策略不仅能够满足学生的特点，让学生参与教育活动，而且还能促进学生发展。

（三）相对的灵活性

无论是课堂教学实施策略的制定，还是课堂教学实施策略的运用，都应注意它的灵活性，这既取决于课堂教学实施策略的特点，也取决于课堂教学过程的变化。

从课堂教学实施策略的角度来看，课堂教学的每一种实施策略都不是万能的，要根据教学需求灵活制定。各类课堂教学实施策略都具有特定的应用范围，都能有效地解决具体的教学问题，教学实施策略与教学问题之间没有绝对的对应关系。实际上，不同的问题可以用同样的策略解决，同样的问题也可以用不同的策略解决。同理，不同类型的学生可以应用同样的策略，同一类型的学生也可以应用不同的策略；不同内容的教学可以应用同样的策略，相同教学也可以应用不同的策略。因此，在课堂教学中，应根据实际教学需要灵活制定教学实施策略。

从课堂教学的实施过程来看，任何课堂教学的实施过程都充满变数，教学实施策略应根据实际教学中的变化及时做出改变和调整。不可否认的是，教师为课堂教学做好了充分的准备，并对课堂教学过程进行了认真的预设。然而，毕竟课堂教学的展开受到诸多因素的影响，特别是在师生交流中，学生与学生之间的互动会带来很多生成性问题，这使得课堂教学实施策略不能过于刻板，应根据不断变化的教学实践不断地进行认真调整，以更好地实现教学目标。

（四）较强的可操作性

课堂教学的实施策略是课堂教学理论与实践的桥梁，是教学理论的体现。它直接应用于课堂教学实践。制定课堂教学实施策略的依据是教学目标和实际教学需要。它重点研究课堂教学中教学问题的方法、技巧和实施过程，同时在教学实施中转化为教师和学生的具体行为。这使得课堂教学实施策略必须具有可操作性，便于教师和学生了解、掌握和使用，能够为师生开展课堂教学活动提供有效的指导。

事实上，任何课堂教学实施策略都应包括相应的教学实施的方法和技巧，教师和学生可以按照这种方法和技巧开展教学活动,通过这些教学活动最终完成教学目标。如果缺乏可操作性,课堂教学实施策略将成为一种没有实际意义的形式。

二、中小学思想品德课堂教学策略的学科特征

在中小学课程体系中,每门课程都有自己的学科特色,思想品德学科也不例外。这种学科特征必然会不可避免地影响和渗透到学科教学的各个方面,包括思想品德课堂教学的实施策略,使其反映出特定的学科特征。

(一)突出的思想性

中小学思想品德课具有突出的思想性,是一门德育性质的课程。它以马克思列宁主义、毛泽东思想和中国特色社会主义理论体系为指导,与社会实际和学生思想实际密切联系,对学生进行基本的思想品德教育和思想政治教育,为学生形成正确的世界观、人生观和价值观奠定了基础。思想品德课作为德育性质的课程,它不仅是中小学德育体系的重要组成部分,而且与一般的德育工作有着不同的特点。在中小学德育体系中,它还具有与其他中小学学科不同的特殊道德教育的功能,它在中小学德育系统中起着基础和导向作用。

虽然课堂教学的实施策略本身并没有思想性之说,但它与思想品德教育相结合,自然就被赋予了思想性的特点。例如,制定策略应充分考虑学生的思想基础,解决学生普遍存在的思想问题,努力提高学生的思想认识。离开了思想性,偏离了思想品德阶层的基础,教学目标就很难全面实现。

(二)特定的情感性

情感态度价值观的课程目标在中小学的每一门学科中都特别重要,但思想品德课的情感态度价值观与其他学科的情感态度价值观的要求不同。特别是在学生良好思想品德的形成和发展中,情感的激发和熏陶的意义十分重要。它是实现道德认识向道德行为转化的桥梁,是道德理论被学生接受并对其产生影响的重要前提。

据此,中小学思想品德课堂要始终强调情感性,课堂教学实施策略也应如此。无论采取何种策略,重要的是要注意教师情感的投入,注意教师与学生之间的情感交流,注重学生情感的陶冶,使学生情感的升华得以实现。

（三）典型的导行性

中小学任何学科的教学都必须解决知与不知的矛盾,使学生经历由不知到知、由不甚了解到知之较多的转化过程。相比之下,思想品德课要解决的矛盾不仅是知与不知的矛盾,更是信与不信、行与不行的矛盾。使学生的转化由"知"到"信",再到"行",最终达到知行统一。从教学实际来看,学生在了解了思想品德学科的相关知识以后,他们往往不一定相信,更不一定使用这些理论来分析和解决问题并指导他们的行动。这是一个思想品德课堂教学中不容忽视的现实问题,也是思想品德课堂教学与其他学科教学不同的一个重要特征。

由此可见,中小学思想品德的教学必须突出导行性。在课堂教学中,无论采用何种教学实施策略,都要强调基于学生生活、贴近社会现实,给学生提出知识应用和行为表现的要求,让学生有实践求证和行为升华的空间,引导学生使用学到的知识来指导自己的行动。

三、中小学思想品德教学语言的特征

思想品德教学语言不同于日常生活中的语言,也不同于社会中其他行业的习惯用语。它是语言在课堂教学领域的具体应用,是课堂教学活动中不可或缺的重要工具和教学手段。课堂不仅是学生获取知识的场所,也是学生学会思考和体验人生的地方,所以教学语言必须优美。课堂教学语言不仅包括优美严密的书面语言,还包括灵活简洁的口头语言,所以它具有书面语和口头语的所有特征。因此,教师应从口语表达和书面表达两个方面有意识地解读教学语言,使其更加准确和优美。课堂上教师应根据教学内容和教学实际的需要调整自己的语调,使其时缓时急、抑扬顿挫;语言雅致生动、声情并茂;再配合适宜的体态语,定会有一个和谐的课堂氛围。

（一）独特的教学语言

1. 准确简洁

在思想品德的课堂教学中,教师会向学生提出本堂课的教学目标和要完成的教学任务,还会详细地讲解教材内容,这些表达都必须做到准确、简洁。讲课内容一定要准确,说话要直截了当、不能啰唆。

2. 清楚明白

作为思想品德课程的教师,不管是讲授教学内容,还是在指导学生练习,都应该表达得清晰、明确、无歧义;特别是对小学生不能用一些表达不明确的词语,或含糊其词,说一些令学生费解而只有自己明白的话。

3. 生动风趣

在思想品德课上不管是讲述教材内容,引用事例,还是向学生提问,表达时尽量用生动、风趣的语言,以引起学生注意,提高学生的学习兴趣。

4. 连贯流畅

在思想品德课教学中,教师不可能自己一个人滔滔不绝,因此教学语言不可能在一节课中一直不中断。所以,教学语言必须条理清晰、推理严密,一步接一步;教师在停顿之后重新运用语言讲授时,必须要注意与停顿之前语言之间的连贯性,虽说不一定要接着前面的"话头"讲下去,但一定要顺着前面的"意"说下去。

(二) 成功的教学语言

思想品德教学语言是教师在教学过程中用来达到教学目的,完成思想品德教育任务的一种语言。它的受益者是积极参与其中的学生,如果思想品德教师稍微疏忽而表达错误,则会产生负面影响。有些甚至会影响学生的终生思想,对学生道德品质的形成产生不良后果。因此,对教学语言的要求也是极高的。一般来说,成功的思想品德课教学语言应具备以下几点。

1. 规范性和艺术性相结合

规范性指的是教师所使用的语言必须是经过精心组织和准备的,而不是随机的,是符合语言规范的;艺术性指的是课堂上教师所使用的语言是智慧人性的、灵活多变的。规范性和艺术性相结合就是语言的正确和优美的结合。

2. 教育性和审美性相结合

在思想品德课堂教学过程中使用的语言必须在思维和情感健康方面都是正确的,这样学生才能在学习知识的同时受到良好的教育。所谓审美性,是指运用语言时要尽可能地选择富有美感的语言并巧妙地加以组织,不仅使学生在思想上受到教育,同时精神上也可以得到美的享受。毋庸置疑,教育性与审美性相结合会产生强大的艺术感染力和道德震撼力。

3. 平实性和趣味性相结合

所谓平实性是指思想品德课教学语言的表达必须要做到条理清晰、明确、表达准确、无歧义。如果遇到可能会产生歧义的情况,应加上一些限制性词语,使其表意具有唯一性;趣味性是指教师要通过生动形象、轻松幽默的语言把枯燥乏味的教材内容传授给学生,使学生在得到知识的同时,精神上也得到愉悦的感受。

4. 普遍性和针对性相结合

教师在讲授思想品德课时,他的教授对象是全班学生,教学标准要以绝大部分学生可以理解和接受的程度为准;所谓针对性,是指教师运用语言在考虑普遍性的基础上,对接受能力差一些的学生和智力特别的学生要用针对性的语言指导。

5. 预定性和应变性相结合

预定性是指教师在课堂上使用的语言都是在备课时准备好的,语言具有连贯性,也具有较强的条理性,而不是教师在课堂上随口说出来的;应变性是指教师虽然在上课前已经做好了备课,课堂上也主要是依据备课内容讲解,但是课堂上的意外情况是无法预知的,在课堂的授课过程中,不一定按老师的备课发展,也许会有一些教师未做准备的事情发生,这时教师要根据课堂上具体情况的变化及时地调整或改变授课计划。

在思想品德课的教学过程当中,教师使用的教学语言通常具有丰富的情感色彩。从教学信息论方面来看,教学活动中"教"的主体是教师,而教学活动中"学"的主体是学生;这两种主体构成了整个教学活动,在这两种教学活动的主体之间,教学语言则充当了桥梁的角色。"教"和"学"这两个主体之间互相影响,除了教学活动中教材这个媒介因素之外,它们主要还是依靠各自的情感因素来发挥作用。在教师讲课的时候,其所运用的教学语言既要生动有趣,又要感情色彩强烈,这样才可以调动起学生的积极性。倘若教师没有激情,只是平淡的、逐字逐句地读教材,学生一味地被灌输,无法参与教学过程,那整个教学过程就必然会变得了无生气,这样的课堂教学效果也必然不会很好。作为思想品德课的教师,无论是在讲解教材,还是在对学生提问,教师都应该把教材中所蕴含的丰富的思想道德意义充满激情地进行解释,都要用亲切的、自然的态度与学生进行交流,及时称赞并奖励学生们值得肯定和表扬的言行,这样就更能引发学生的学习兴趣,激发他们的求知欲望,学生也会因此受到鼓励,从而使教学氛围更加融洽,教育效果更加理想。

(三)教学语言的分类

在思想品德课堂教学过程中,教师运用最多的是解释性语言、论证性语言及辅导和讲评学生作业的语言。

1. 解释性语言

解释性语言指的是教师在课堂教学过程中用来解释原理和概念等的语言,为了使学生能够理解明白,一般用"它指的是""它的意思是""它可以理解为"及"它是由"等短语来表示,这是中小学思想品德课堂教学过程中经常用到的一种语言表达形式。解释性语言最常用的包括下定义、做诠释、举例子、打比方、先总述、后分类说明等表达方式,在思想品德课中,教师在使用课堂语言的解释性语言时的基本要求一般有两个:第一个是清楚、明了。无论是解释某个问题还是对概念的解释,或者是在经过分析之后得出结论,这些都必须要讲得清楚明白,让学生容易理解并记忆。第二个是要有启发性。启发性的语言在教学过程中有着特别重要的作用,它可以激励学生在课堂上和教师进行一定程度上的沟通,启发并拓展学生的思维,使学生可以通过自己的思维活动来丰富课堂活动,同时也可以让学生全面掌握课堂内容。教师在授课的时候,不仅要讲授知识点,还要教授思考方法,这样不仅让学生掌握了知识,而且也使他们在思维方法上得到了有益的启迪,对于日后自己的道德学习活动也是非常有利的,由此可以让自己的道德思维和道德行为能够及时进行调整。

2. 论证性语言

论证性语言是思想品德老师在证明某个论点或主题正确性时使用的一种语言,它通常用表示因果关系的相关词语来表达,例如"因为……所以""之所以……是因为"等;有的时候虽然句子中没有关联词语来表示因果关系,但论据与论点之间存在着必然的联系。对于小学生的道德判断和人生价值观的确立,论证性语言起着非常重要的作用。运用论证性语言的基本要求有三点。

第一,要有逻辑性的语言,明确的概念,正确的判断,合理的推理,除此之外还应论述清楚论点和论据之间的必然联系。

第二,论述语言要系统、周密,论据既要充分,语言又要委婉。在表达时对中心词可根据需要添加一些短语来加以修饰和限制,例如"从某方面说""在一定程度上",另外还可以从正反两个方面来加以论述,这样表述得就更加严密了。

第三,论证过程必须清晰,连贯。在论证过程中,学生必须清晰思考,内容必须连贯。为了方便学生理解,必须有一条明确的线索贯穿其中。为了获得高质量的教育效果,教师还应根据实际情况考虑不同发展阶段学生的不同思维特点,对于高年级学生,他们可以使用演绎法来论证,而对于小学生可以使用归纳法来论证。

3. 辅导和讲评学生作业的语言

对学生进行辅导和讲评作业时所用的语言与一般授课时运用的语言有很大的

区别,它有自己独特的特点。具体来说,教师在运用这类语言时必须遵循以下要求。

第一,表述要准确、明晰。在对学生进行辅导练习时,教师应给出明确的解题方法。思想品德课程虽然是对学生思想品德方面的培养,但其中也有一定的知识性,做一些练习也是有必要的,教师要给学生讲解认识问题的主要途径和方法。在进行讲评时,要明确指出有多少错误是具有普遍性的,指出为什么会出现认识错误。

第二,要有示范性和可操作性。思想品德中有一些是实践性的课程,教师在进行辅导或讲评时,不仅要把知识点详细具体地讲解清楚,让学生在理论上明白,还要注意结合学生的实际操作。讲评时的重点是指导他们"如何改正"自己的错误,要使学生明白自己是如何出现错误的。

第三,要有引导性和指导性。教师在对学生进行练习辅导或讲评作业中的差错时,首先应让学生明白他们哪些地方是对的,哪些地方是错的,然后再引导他们按照教师的思路去思考,指导他们自己的道德认知和道德判断,增加他们解决道德问题的办法。

第四,要多鼓励、少批评。当学生遇到学习方面的困难或是在情感方面出现问题时,教师要正面引导,鼓励学生,在精神上使学生树立道德自信。在辅导和讲评学生作业时、在指出学生差错的同时,也要对学生付出的努力和取得的成绩给予赞许,肯定学生积极的学习态度,减少学生的精神压力,促使他们积极地思索。

第三节　中小学思想品德教学策略的结构

一、对教学策略结构的不同观点

结构指的是组成整体的各个部分之间的搭配和安排。教学策略的结构就是指构成教学策略的基本要素及其内在联系。任何教学策略都包含多个相互联系和相互作用的要素,这些要素在教学策略中共同发挥作用。那么如何理解教学策略的结构呢?教学策略的基本要素是什么?这些要素之间有什么样的关系?许多学者对于这些问题都有不同的看法。

美国学者史密斯提出了内容限制性策略和非内容限制性策略两种基于经验的教学策略。内容限制性策略侧重于师生和教学内容的关系,非内容限制性策略强调的是教师和学生之间的关系,它包括课堂教学策略、课堂管理策略,以及师生间和学生间的合作策略。

蔡淑兰以教学策略运行机制为逻辑起点,认为教学策略包括三个要素,即操作性活动、调控性活动和元认知活动。其中,操作性活动是指教师在教学活动中使用的活动方式;调控性活动是指教师在一个持续的教学活动期间所采用的一系列调控行为;元认知活动是最活跃的因素,是教学策略结构中的动力系统,集中反映了教学策略的自我调控性这一本质特征。这三个要素相互联系、相互作用,形成了具有不同层次、不同水平的有机系统。

张大均根据教学过程的环节和学生的特点把教学策略分为四种基本类型,见图1-1。

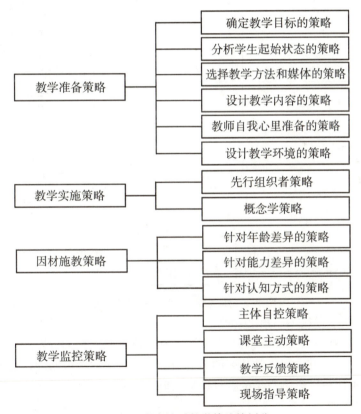

图1-1 张大均对教学策略的划分

施良方等在其主编的《教学理论:课堂教学的原理、策略与研究》一书中,对教学过程三个阶段的策略进行了分析,见图1-2。

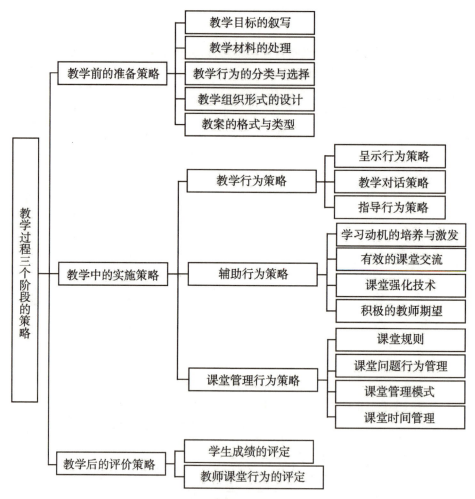

图1-2 施良方等对教学策略的划分

虽然这些学者从不同角度对教学策略进行了研究,也提出了不同的观点,但他们对教学策略有一个共同的认识,那就是教学策略是有计划的、动态的一系列的过程,不单纯是教学方法与教学技能的简单组合。在应用教学策略的过程中,教师可以清晰、明确地识别影响教学的各种因素及其相互关系,及时调整教学策略,确保教学目标的实现。

二、对中小学思想品德教学策略结构的基本认识

中小学思想品德教学实施策略的结构,主要指的就是构成中小学思想品德课堂教学实施策略的基本要素,以及这些要素之间的相互关系。如前文所述,课堂教学实施策略主要是指教师和学生为了实现教学目标而在课堂上所采取的一系列的策略及活动方法。所以,我们可以从教师和学生在课堂教学中所进行的活动为切入点来探讨课堂教学实施策略的构成要素。

在课堂教学中,教师和学生会进行多种多样的活动,依据这些活动的基本功能,可以把它们分成两类:一类是课堂教学活动,另一类是课堂管理活动。

课堂教学活动主要指的是与教学目标有直接关联的行为活动,它直指教学目标。完成教学任务,实现教学目标是它的基本功能。这类活动又可以分为两种:一种是单项性的教学活动,另一种是综合性的教学活动。单项性的教学活动通常只对教学的某一环节或者某一方面有所涉及,最典型的包括教学语言的运用、教学内容的处理、教学媒体的整合及教学方法的选用等。综合性的教学活动通常会涉及课堂教学的全过程,对课堂教学的系统性和整体性有很大关系,比如教学空间的营造、教学结构的安排、教学节奏的把控及教学进程的调整等。

课堂管理活动主要是为使教学活动能顺利进行而创造条件的行为活动,它直指教学环境。保证课堂教学顺利进行,优化教学环境是它的基本功能。这类活动有很多种,主要与课堂教学的交往有关,涉及常规课堂管理、学习心理引导及偶发事件应对等。常规课堂管理一般包括组织教学的实施、师生关系的协调及课堂气氛的营造等;学习心理引导一般包括学习兴趣的激发、学习动机的引发、教学激励的实施以及学生思维的引导等;偶发事件应对一般包括生成性问题的应对及课堂上学生产生问题行为的处理等。

综上所述,我们可以认为课堂教学实施策略基本上由课堂管理活动策略和课堂教学活动策略两方面构成。课堂管理活动策略一般包括常规课堂管理策略、学习心理引导策略及偶发事件应对策略等。课堂教学活动策略主要包括教学语言运用策略、教学结构优化策略、教学内容处理策略、教学媒体整合策略及教学方法选用策略等;这些策略之间互相联系、互相影响,既能使课堂教学顺利进行,也保证了课堂教学效果显著。

第四节　中小学思想品德教学策略的制定

中小学思想品德课堂教学具有复杂的实施策略结构,各方面的因素对它也产生了非常大的影响。为了使课堂教学实施的策略科学有效,首先要认真研究分析对其产生影响的各种因素,这是课堂教学实施策略的重要依据。通常来说,课堂教学实施策略的制定主要依据的是教学目标、学生实际、教学内容、学科特点、教师特长等。

一、依据教学目标

教学目标是教学活动要达到的预期成果和标准。它决定了教学活动的基本任务,指出了师生活动的共同方向,教学目标不仅对一切教学活动具有规范和制约的作用,而且也是一切教学活动成果的衡量标准。

课堂教学实施策略是为了实现教学目标,完成教学任务服务的,应根据教学目标来制定和衡量判断其应用效果。根据教学目标确定课堂教学实施策略,重点应放在以下几点。

第一,仔细分析教学目标。任何课堂教学的目标都有一个特定的目标结构,包括具体的目标内容要素和每个目标内容要素所需达到的内容水平。根据教学目标确定课堂教学实施策略,要从分析教学目标入手,在掌握教学目标的基础上,寻求与教学目标相对应或符合教学目标的教学实施策略。

第二,对教学目标和教学实施策略的相关分析。不同的教学目标通常借助不同的教学实施策略来实现,如知识掌握策略、技能形成策略、动机激发策略和行为矫正策略,显然,这是针对不同类型的教学目标提出的。通常可以通过不同的教学策略来实现相同的教学目标。例如,可以使用情境创设策略、合作探究策略、讨论组织策略、案例教学策略等来培养学生运用学科理论分析和解决问题的能力。因此,我们要明确教学实施策略对哪些教学目标的实现有支持作用,支持作用有多大程度。应该说,就某些教学目标而言,往往有很多教学实施策略对其实现目标能够起支持作用,但这些教学实施策略发挥的作用也不大一样,有的发挥直接支持作用,有的发挥间接支持作用,有的发挥的支持作用比较重要,有的发挥的支持作用较小,因而需要仔细分析和把握。

第三,制定符合教学目标的课堂教学实施策略。在对教学目标和教学实施策略进行相关分析的基础上,最后一步是做出科学选择,制定最终的课堂教学实施策略,构建课堂教学。在这方面,关键点应该关注两点:第一,制定课堂教学实施策略,考虑哪些教学实施策略在有限时间内对实现教学目标最合适;第二,确定教学实施策略的运用思路。在每次课堂教学中,通常要用到多种教学实施策略,如何组合和开发这些策略,需要仔细设计。

二、依据学生实际

由现代教育心理学理论可知,要想达到最佳的教学效果,教学应在学习者的最近发展区开始。随着教育改革的深入,突出学生的主体地位,基于学生生活,关注学生发展,成为基础教育领域教学改革发展的重要趋势。广大基础教育工作者达成了共识,要认真了解和分析学生的实际情况,教学活动要根据学生的实际情况开展。中小学思想品德课堂教学实施策略的制定,必须适应这种教学改革发展的趋势,遵循人们已经形成的共识。

无可置疑,课堂教学实施策略直接指向教学目标,它是为实现教学目标服务的。但教学目标是需要学生来达到的,它的对象指的是学生。如果没有学生的现实基础,教学目标就会缺乏针对性,就做不到科学准确,课堂教学实施策略也会成为教师的独角戏,不能引起学生的反响,难以取得预期的效果。因此,课堂教学实施策略的制定必须从学生实际出发,适应学生的知识基础、能力水平、心理特点、思想状况、学习风格等,能调动学生的学习积极性和主动性,促使学生的进步和发展。

依据学生实际确定课堂教学实施策略,首先要明确学生的主体地位、贴近学生的生活实际、符合学生的发展需求,还要特别注意转变教师的教学方式和学生的学习方式,以便使课堂教学实施策略与开放互动的教学方式、自主合作探究的学习方式有效对接。

第一,转变教师的教学方式。一直以来,中小学思想品德课堂教学都是以知识为中心,以教师为中心,带有浓厚的封闭性。教学内容也多是以理论知识为主,教学形式也是采用理论讲授,教学成为教师对学生单向的"培养活动"。由于这种教学脱离了学生实际,远离学生生活,很难激发学生的学习热情,难以调动学生的学习积极性,针对性不强,效果差。所以,中小学思想品德课堂教学改革的重要内容是倡导开放互动的教学方式。这种开放互动的教学方式在课堂教学实施策略上的表现就是要对教师的角色定位进行转变,建立平等合作的师生关系,搭建良好的师生互动交往平台,引导和组织学生积极观察、体验、讨论、质疑、探究等活动,通过交往互动,分享彼此的思想、经验和知识,交流彼此的情感、体验与观念,最终达到共同发展。

第二,转变学生的学习方式。《基础教育课程改革纲要(试行)》明确指出我国基础教育课程改革的重要目标之一是"改变课程实施过于强调接受学习、死记硬背、机械训练的现状,倡导学生主动参与、乐于探究、勤于动手,培养学生收集和处理信息的能力、获得新知识的能力、分析和解决问题的能力,以及交流与合作的能力"。要使这种学习方式的转变得以实现,在课堂教学实施策略制定时,就要突出学生学习的自主性、合作性、探究性,使学生成为学习的主人。

课堂教学实施策略要突出学生的自主学习。教师要使学生学习的主动性得到充分发挥,对学生的自主精神和自主学习能力应予以肯定。无论确定何种教学实施策略,都要留出更多时间让学生自己安排;给学生更多空间,让他们自我拓展;给学生更多的舞台,让他们展示自己。让学生在自主学习中提升自己的个性并自我完善。

课堂教学实施策略应强调学生学习的合作性。学生和学生之间的协作学习不仅增加了学生积极参与的机会,而且有助于发展学生的主动性和创造性,这对学生的情感交流和培养学生的合作精神也很重要。教师应制定课堂教学实施策略,注意给学生一些平台,让他们互动;给学生一些机会,让他们沟通;给学生更多的权利,让他们选择……让学生在合作学习中共同努力,共同进步,共同发展。

课堂教学实施策略要突出学生学习的探究性。探究性学习的典型特点是问题性、过程性、开放性,学习以问题为中心,侧重于学习的过程和方法,并强调学习内容、过程和评价的开放性。探究性学习无疑有利于提高学生的综合素质,有利于培养学生的创新精神和实践能力。教师应制定更多的课堂教学策略,以便给学生一些问题,让他们探索;给学生一些主题,让他们学习;给学生一些案例,让他们分析……让学生体验探究性学习的过程,掌握方法。

三、依据教学内容

如果课堂教学实施策略以教学目标和学生实际为基础,那么教学内容就是确定课堂教学实施策略的前提。这主要是因为教学内容不只对教学目标的要求和教学目标的实现有所体现和制约,它还是把教师和学生连接起来的纽带,教学的中心就是学生对教学内容的理解、掌握及运用。

通常情况下,不同的教学实施策略对应着不同的教学内容。但这并不是绝对的,在实际的课堂教学过程中,相同的教学内容可以采用不同的教学实施策略,不同的教学内容也可以采用相同的教学实施策略,关键在于教学实施策略和教学内容之间的契合度和适应性。对于特定内容的教学,需要采用与其相适应的教学实施策略,才能获得更加理想的效果。否则,就有可能事倍功半,甚至适得其反。

根据教学内容来确定课堂教学实施策略,除了要对教学实施策略与教学内容的契合度和适应性进行分析以外,还要认真探讨问题的功能,强化问题意识。一方面,可以让学生带着问题"走进"教学内容。学生对教学内容进行学习和掌握,从问题开始,学生既能直接提出问题,也能在呈现案例、创设情境及组织活动的基础上引出问题,通过问题引导学生去思考、去探索,通过对问题的解决达到对教学内容掌握的目的。另一方面,可以让学生提出问题"走出"教学内容。提出一个问题,有时候比解决一个问题更显得重要。解决教学内容的一些相关问题,并不是学习的结束,而应该是新的学习的开始。教师要激励学生以教学内容为学习基础,通过自己的观察、分析、综合类比等,提出有价值的、需要进一步讨论与解决的问题,引导学生更加深入地进行学习。可以说,让学生带着问题去学习,是教师制定课堂教学实施策略过程中更加值得关注的。

四、依据学科特点

不同学科有不同的特点,对课堂教学的要求也不同,课堂教学实施策略也会有所不同。可以说,每个学科的课堂教学实施策略都有自己的学科特点。

中小学思想品德学科是一门素质教育课程,它具有较强思想性、人文性和实践性。它强调情感态度价值观的培养,强调知行统一、以知导行。从这一学科的特点来看,思想品德教育课程的实施策略不能停留在知识教学上,而应注重学生的情感体验和行为指导。

第一,注重生活情境,引导学生感悟和体验。由中小学思想品德学科的特点决定了靠简单灌输不适合该课程的教学。在教学中要牵引学生真正用"心"去感悟,亲身去体验,这样才能真正地理解和掌握本课程的相关知识和道理。所以,我们在制定课堂教学实施策略时,应把重点放在如何引导学生去感悟和体验,创设的情境要生活化,引导学生借助教学情境来悟理、悟情、悟法,使学生的悟性得到提高,使学生的灵性得到发挥。"悟理",简单地说就是感悟道理,使学生在情境中领悟所蕴含的学科知识和道理,并鼓励学生根据情境中蕴含的知识和道理展开议论、发表见解等。"悟情",就是使学生在情境中受到感染,获得情感上的体验,引发情感上的共鸣。"悟法",就是通过情境分析,经历获取知识过程,掌握获取知识的方法、分析和解决问题的方法。

第二,注重行为引导,促进知行转化。知是基础,行是关键。解决知行矛盾,提高学生自觉性,实现知行统一,是中小学思想品德学科的典型特征。中小学思想品德课堂教学实施策略的制定,要体现这种学科的特征,反映这样的学科要求。通过教学实施策略的运用,加强学生的行为引导和训练,促进学生用所学知识指导自己的行动。例如,明理引导、激情体验、辨别分析、心理互换、榜样示范、表演训练、实践活动等,都是思想品德学科在导行方面值得探讨的课堂教学实施策略。

五、依据教师特长

教师是教学的主体之一,在教学中起着重要作用。课堂教学实施策略是由教师制定的,而且课堂教学实施策略也是由教师在课堂上实际使用的,因此,课堂教学实施策略是通过教师组织开展的教学活动来表现并发挥其积极作用的。所以,教师在制定课堂教学实施策略时,首先要从自身的条件出发,包括自己的教学经验、知识水平、教学风格、课堂特色等,尽量做到彰显自己的长处,施展自己的才华,尽量规避自己的弱点。

当然,这并不是不允许教师对其他教师的课堂教学实施策略进行借鉴和模仿。大部分教师的教学成长的路线基本上都是"模仿—熟练运用—创新"。所以,教师在制定课堂教学实施策略时可以学习和借鉴前辈教师的先进经验,但是要从实际出发,根据自身条件对他人的经验进行加工改造,使之符合自己的实际情况,体现自身的特色。如果忽视了自己的个性特征,只是照抄他人的做法,不仅不能达到理想的教学效果,甚至可能适得其反。

另外,课堂教学实施策略也会受到教学物质条件、心理、环境等因素的影响,这些也是制定课堂教学实施策略需要考虑的因素。总的来看,影响和制约课堂教学实施策略制定的因素很多,我们这里只是做了一些一般性的分析,而且这些分析更多是在理论层面上进行的。在实际的课堂教学实施策略制定中,往往受到许多经验性的、习惯性的、传统性的因素的影响。制定的课堂教学实施策略,往往不是纯粹理性的产物,而是理性与非理性共同影响和作用的结果。

第二章　中小学思想品德教学设计概述

教学设计在教学理论与教学实践之间起着桥梁的作用。它不仅将现有的理论和教育成果应用于实践教学,使教学理论对教学实践起着指导作用。同时,教学设计还使教学实践从单一的经验主义中脱离出来,使之进一步科学化、规范化。教学设计是一件系统、复杂的工作,要想把教学设计做好,首先要对教学设计的基本理论有一个简要的了解。本章主要对思想品德教学设计的界定、理论基础、现实依据、基本程序、基本要求等进行简要介绍。

第一节　中小学思想品德教学设计的界定

一、思想品德教学设计的内涵

中外学者对于教学设计的定义给出了各种各样的见解。在国外,学者们对教学设计是从各自不同的视角来研究界定的。例如,美国的教育心理学家加涅在他所编写的《教学设计原理》中认为,教学系统设计是计划教学的系统化过程。肯普认为,教学设计是对教学过程中相互关联的各部分问题和需求运用系统方法进行的分析研究,然后在教学过程中把解决它们的方法步骤确定下来,并对教学成果进行评价的一个系统计划的过程。

随着对教学设计的研究逐渐深入,我国也有很多学者对教学设计的界定有许多不同的看法。概括起来主要包括下列几种。

第一种是"措施"说。这种说法认为教学设计对于实现教学最优化来说,是一种极为重要的措施。例如,刘高佶认为,教育设计可以按照教学对象的特点和教学目标的设定,通过运用系统的方法,精心组织和安排各种不同的学习资源。

第二种是"方法"说。这种说法认为教学设计属于一种方法。如原国家教委电教司组织并编译的《教学媒体与教学设计》一书中明确提出,教学设计是研究教学系统和教学过程,并制订教学计划的一种系统的方法。

第三种是"操作程序"说。这种说法认为教学设计是一种操作程序,如李克东和谢幼如认为,教学设计就是通过对系统方法和步骤的运用,进而对教学结果做出评价的一种操作程序和计划过程。

第四种是"方案"说。这种说法认为教学设计仅仅是对方案的制订和修改,如乌美娜认为,教学设计就是运用系统方法来分析教学问题并确立教学目标,建立可以解决教学问题的试行解决方案、策略方案、评价试行结果以及修改方案的过程。

第五种是"计划"说。这种说法认为教学设计就是制订计划,如张旭和许林认为,教学设计是通过运用系统的方法来分析教学问题、研究解决问题的途径并对教学结果进行评价的系统规划或计划过程。

第六种是"技术"说。这种说法认为教学设计是一种"技术",如鲍嵘认为,教学设计是一种旨在促进教学活动程序化、合理化、精确化的现代教学技术。

要想掌握教学设计的含义,首先我们要对教学的含义和设计的含义有清楚的理解。"教学"的"教"指的是教师的教,"学"指的是学生的学,它属于教师和学生的共同活动。教师按照教学设计有计划、有目的地指导学生;学生应该积极主动地学习,尽量多掌握科学文化基础知识及基本技能,努力提高自身的能力,增强自身素质,从而形成良好的思想品德。设计就是在正式做某项活动之前,根据一定的目的要求,对活动进行规划和安排,这种规划和安排通常以活动方案或活动计划的形式来表现。由此可以看出,教学是一种目标明确的活动,而设计则是为了实现此目标所进行的一种决策。

根据以上分析,我们可以认为,教学设计指的是在一定的教育教学理论指导下,通过运用系统方法对教学过程中的各方面环节和要素及它们之间的关系进行科学的描述、分析和规划,并为教学活动制订详细的可实施的方案或者程序的过程。思想品德学科教学设计就是通过一定的教育教学理论的指导,运用系统方法对思想品德学科教学过程中的各方面环节和要素进行描述、分析以及规划,从而为思想品德学科教学活动制订详细的可实施的方案或者程序的过程。

明确思想品德学科教学设计的含义,需要注意以下几个方面。

首先,教学设计主要是依据某些特定的理论和方法。一方面,教学设计活动属于一种理论应用活动,它须在某些特定的教学理论和学习理论的指导下进行,是多种理论的综合应用,理论指导的不同会形成不同的设计方案。另一方面,教学设计应以系统的科学方法为基础,通过系统的方法来设计和规划教学。

　　其次,教学设计是整体规划教学系统中不同的要素和环节。教学设计把教学过程中的各种要素和各个环节整合为一个系统。教学过程的要素主要包括教师和学生的活动、教学目标、教学内容、教学方法、教学媒体、教学环境等;教学过程包括各种各样的环节,以课堂教学为例,包括教学的导入、新课的讲授、问题的设计、活动的组织、教学的小结等。教学设计不仅要分析和规划教学过程的各个要素和环节,还要对教学系统的各个要素和环节进行全面的研究,从而揭示教学要素与环节之间的联系规律。通过组织计划有机地整合这些要素,从而实现对教学过程的最佳控制,并优化教学效果。

　　最后,教学设计过程最后的成果是具有一定操作性的教学实施方案。这种方案和程序不但需要符合教育教学理论,还要在教学实践中具有一定的实施性,从而可以使理论与实践统一起来;这使其既符合了教学设计的基本要求,又汇集了设计者创造性的劳动,进而体现了创新与尊重的统一。

　　由上述内容我们可以发现,思想品德学科教学设计不是一项可以简单完成的任务,它既有科学性,又有艺术性,这就需要设计者为其付出更加艰辛的劳动。其中,科学性指的是要以科学的理论为指导,通过运用科学的方法形成符合教育教学规律的教学方案,它不仅要具有思想和理论的准确性,还要具有思维和语言的逻辑性等;所谓艺术性,指的是教学设计要尽量原创、有效、完美、精致,最大限度地激发学生的学习情感,满足学生的学习欲望,使课堂教学质量得到有效提高。

　　传统的教学设计一般是以教师的"教"为中心,教学目的是解决"教什么""如何教""教到何种程度""采用何种方式教"的问题,这就是以教师为中心的教学设计。这种教学设计并不十分关注学生的学习情况和教学中生成的教学资源,这样可以使教师在教学活动中"教"的轨迹清晰地体现出来,但是不能看到学生在教学活动中自主学习的过程和方法。

　　随着教学设计理论的不断发展,人们对教学设计的认识也更加深刻。教学设计也以教师为中心慢慢转向以学生为中心。美国教育家杜威提出了"以学生为中心"的观念,杜威极力反对在教学过程中运用以教师为中心的做法,更加反对在课堂教学过程中使用灌输式、填鸭式的教学方法,主张解放学生思维,以学生为中心的教学,使学生充分发挥其作为学习主体的主观能动作用。杜威认为教育就是教学生如何去适应生活,适应社会,提倡在"做中学"。

　　从20世纪90年代开始,建构主义理论逐渐在全球流行起来。建构主义理论指出人类的知识不是独自形成的,而是在与外界环境的相互作用中形成的,它既不是客观存在的,也不是由他人传授的,而是自己构建的。因此建构主义者认为学生是教学的中心,学生应该有机会和权力管理和控制自己的学习。而教学设计者的主要任务就是设计学生的学习环境,学生是学习环境的主体,而教师只是对学生起了一定的辅助作用。依据这种建构主义理论,以学生为中心的教学设计被广泛传播。

以学生为中心的设计指的是把学生的学习需求作为根本,把推动学生有效学习作为目标,把重点解决学生"学什么""运用什么方式学""学到什么程度"等问题作为主要内容的教学设计。以学生为中心的设计主要强调教学过程的"互动性",强调学生的个性差异,强调学生情感与心理需求,强调教学资源的"动态生成"及强调课堂上以学生为活动主体和强调留给学生自主发展的空间。

以学生为中心的教学设计和以教师为中心的教学设计之间有着许多相同的地方。例如在教学设计方面,它们所设计的内容和步骤等大多都是相同的。但是它们之间也有着一定的区别。这种区别可以通过教学设计所体现的观念或者教学设计者所持的观念表现出来(表2-1)。

表2-1 以教师为中心的教学设计和以学生为中心的教学设计的比较

类型	以教师为中心的教学设计	以学生为中心的教学设计
教学观	教学是给予,教学的着眼点是教师的教、教师的自我表演,教学的重心是知识的传递	教学是获取,教学着眼点是学生的学、学生的自我表现,教学的重心是学生获取知识的过程与方法
学生观	学生只是知识的容器,被动地接受教师传递的知识	学生是知识的加工者,每个学生都会对知识有独特的理解
师生观	教师是知识的源泉,学生的活动要配合教师的活动	教师只是学生学习活动的辅导者,教师为学生服务
学习环境观	环境是相对封闭、压抑、紧张的	环境是相对开放、轻松、和谐的
教学方法观	以教定学,教是学的根据,学法适应教法,鼓励学生模仿记忆	以学定教,学是教的根据,教法要适应学法,鼓励学生去发现、去创造、去解决问题
教学评价观	以教评教,关注教师教得如何,强调教师教的容量和效果	以学评教,关注学得怎样,强调学生自主学习活动的容量和质量

当然,提倡以学生为中心的教学设计,并不是全面否定以教师为中心的教学设

计。以学生为中心的教学设计和以教师为中心的教学设计各有各的特色,但是同时也都存在一定的缺陷,比如以学生为中心的教学设计,如果完全相信学生的自主学习能力,对其放手不管,这样就会使学生可能没有办法得到系统性的知识体系。另外,教师作为学生的辅导者,在实施过程中也会有困难,让教师同时掌握几十甚至上百名学生的学习状态及进度几乎是不可能的。所以,怎么看待以学生为中心的教学设计和以教师为中心的教学设计,我们不能一概而论,而应辩证地分析和对待。

二、思想品德教学设计的特征

在思想品德的教学实践中,教师们虽有不同的教学设计方案,但这些教学设计方案在教学活动中却有着共同的、普遍的基本特征。它们的基本特征主要包括以下几方面。

(一)指导性

教学设计主要是教师为了指导和组织教学活动而有针对性的设计的教学方案,它在课堂教学中起着积极的指导作用。教师对教学活动的一切构思,比如制定什么样的教学目标、如何处理教与学的关系、使用什么样的教学手段等,这些想法都是由教学设计表现出来的。一旦确定了教学设计的方案,教师就要以它为教学的主要依据。所以,教师在课前设计教学方案时,必须仔细研究,全面思考,以提高教学设计方案的科学性和可行性,这样才能取得优秀的教学效果。

(二)统一性

教学由多种要素组成,这些要素主要是由教学设计把它们系统地安排、组合在一起。教学设计运用系统、科学的方法,把这些要素组成的教学活动进行综合、整体地规划与安排,这与以往的经验教学设计有所不同,经验教学设计只关注个别部分,没有对每一个教学要素进行全面的考虑、分析,科学的教学设计在完成教学目标的过程中,保证全部教学要素能够有机地配合,组成一个完整的统一体。

(三)操作性

教学设计不但具有理论依据,对教学实践也有明确的指导意义,因此它在教学理论和教学实践之间起着桥梁的作用。在设计教学方案时,教学目标被分成了具体的、可操作性的小目标,教师选择何种教材、运用什么样的教学方法、如何分配时间、如何调适环境、怎样实施评价手段都给出了具体明确的规定和安排,可操作性极强,抽象的理论在这里已经变成了具体的操作,可作为教师组织教学的可行依据。

(四)预演性

教师对教学设计的过程,实际上就是对教学活动中的每个环节和步骤在头脑中进行演练的过程。就好像文艺演出中的彩排一样,教师像是在真实的教学中,他必须对教学过程中的每一个细节进行深度思考、仔细研究,以便在真正的教学活动中不会出现意外,保证教学活动顺利地进行。

(五)易控性

易控性主要体现在以下两点:第一,在对教学设计进行编写时,教师要对整个教学过程中的所有环节进行周密的计划,还要留有时间检查,以免出现差错。另外,教师还要对全部教学要素反复推敲,掌控于心,排除实际教学过程中可能会出现的失误,以便提高教学质量。第二,教学设计必须有明确的教学目标。教学目标是课堂教学的出发点,也是最终目的,是课堂教学的灵魂。教学目标控制着教学活动中的各个要素,它不仅对教学活动的方向起着控制作用,还对教学活动中的内容、进程、程序和活动中主客体之间的动态关系起着控制作用。因此,教学目标的设计,是强化教学设计控制功能的一个重要方面。

(六)创造性

教学设计是一项非常具有创造性的工作,它是教师在认真研究教材的基础上进行创造性地思考、设计教学方案的过程。教学设计虽然可以使教学精确化、程序化和合理化,但它不会抹杀教师的创造性。教师可以根据各自的教学风格、教学经验,针对具体情况灵活处理,每位教师设计的教学方案都会不同程度地带有个人特色和风采。教学设计为教师个人创造才能的发挥提供了广阔的天地。

三、思想品德教学设计的理念

由于教学技术的迅猛发展,教学信息快速传播,教学资源丰富多样,新的时代对教学设计也提出了新的要求,特别是新课程改革以来,如果不及时更新教学理念,整改的基本精神和核心理念就会无法得到落实而只能流于形式。因此,我们必须确立与新课程改革相适应的教学理念。新的教学理念主要包括以下几方面。

(一) 整合教学目标

新课程的主要目标是追求过程和方法、知识和技能、情感态度和价值观这三个维度的有效结合。为了实现这个目标,教师必须重视"轻结论,重过程"的新理论。对于教学而言,经历过程要比只看结果更加重要,学生通过多动手、多动脑并持续思考,会使其综合能力得到最大限度的提高。所以,在进行教学设计的时候,我们一定要突破往常"重结论,轻过程"的教学思想,指引学生通过自身去"经历和体验"。

在教学设计中,尤其要注意情感和认识的相互统一。传统的教学常常会忽视情感因素,很多学生都会受到消极情绪的困扰而影响学习。新课程倡导态度、情感、价值观三者统一结合,这三方面是课程目标的重要组成部分,所以必须通过教学设计贯穿整个教学过程中,使学生的内心感受丰富,从而培养学生积极乐观的学习态度和生活态度,树立更高的人生追求。

(二) 教学是交往、互动的过程

教学过程的本质问题实际上是教与学的关系问题。传统的教学方式一般以教师为中心,强调教师的教,先教后学,以学生成绩的好坏来判断学生的优异。这种情况下,教和学被分成两部分,教支配学,学服从教,使得学生缺乏独立性,课堂气氛消沉,缺乏活力,而新课程使教师和学生成为学习的共同体,教与学是一种师生共同理解、共同构建、共同感悟、共同发展的活动。在交往互动过程中,教师与学生不分主辅,两者都是教学活动的主体,教师是学生的引导者、支持者、合作者。所以,通过这种互动交往,既可以构建平等和谐的师生关系,又可以实现教学相长,彰显学生的主体性,释放学生的创造性,张扬学生的个性,同时还对教师更新理念,转变角色,促使自身的专业成长起到有利作用。

(三) 转变学生的学习方式

新课程所提倡的学习方式是合作、自主及探究学习,要想形成并发展新的学习方式,教师必须先要在教学设计中设计合作探索的学习活动,这样才能引导学生逐渐地转变学习方式。

1. 自主学习

自主学习是一种依靠主动性和自觉性的学习,它对教师的要求是把学生的学习欲望激发出来,要想如此,不仅需要教育的引导,还更需要正确地设计教学目标和内容。我们经过探索可以发现,"教法"能让学生的目标明确,对课程有一定的心得体会;"学法"能让学生体验到成功的喜悦,体会到收获的成就;"用法"能让学生展示自己的能力,获得一定的满足感;"验法"能让学生寻找到答案,感受到发现的快乐。如此,学生就会觉得学习不再是负担,从而使学生从"要我学"转变到"我要学"。

2. 合作学习

合作学习是一种互动互助、共同进步的学习,它要求所有的学生在学习过程中要相互配合和相互支持,为了实现学习目标,在合作过程中学会互动互助,共同进步。

3. 探究学习

探究学习是一种研究和创新的学习,它引导学生在学习中发现问题、提出问题,鼓励学生带着问题去学习,通过自己的学习思考解决问题,这是学生创新能力的体现,在这样的活动中,学生才能最大限度地获得自主发展。教师在教学设计中需要为学生提供这样的平台,这样才能真正地优化教育过程,提高教学质量。

(四)发挥评价的功能

传统的教育评价是片面的、单一的,评价的主要内容是对知识的评价,用固定的、唯一的尺度来衡量不同性格的人,忽视了学生的个性,使评价对象的个性存在得不到重视。传统的教育对学生的评价具有强制性和贬损性,学生的人格得不到尊重,导致师生关系对立和冲突,并且这种现象具有严重性和普遍性。在传统的教育评价中,学生只能作为被评价的客体,没有评价的主动权,这样就会使学生产生不安和抵触情绪,导致学生产生消极的情感,降低了学习的效果。而新课程的评价充分认识到了评价对象的个性差异,通过评价可以充分发挥学生的个性及潜在能力,在评价中着重对质量的分析,所有对学生的个性发展所有利的因素,都会成为评价的标准。从每个学生发展的内在需要及实际情况出发,去评价他们各自的发展进程,这充分凸显了对学生人格的尊重、发展的关心及能力的信任。在教学设计中,教师应尽可能地让学生在活动中找到自我并赏识自我,从而促进学生自我认识的提高,使其能在评价中不断自我调节和自我完善,成为一个独立自主的人。

第二节　中小学思想品德教学设计的
理论基础和现实依据

一、思想品德学科教学设计的理论基础

根据已有的关于教学设计理论基础的研究成果,结合思想品德学科的教学实际,我们认为,思想品德学科教学设计的理论基础主要应该包括教学理论、系统理论、传播理论三个方面。

(一)教学理论

教学理论从客观上总结和反映了教学规律,教学活动设计要依据科学的教学理论,其实就是要求教学设计的方案和措施要符合教学规律。

根据学科属性来划分,教学理论属于教育学、教学论研究的范围。教学理论包括教的理论和学的理论两个方面。教的理论是人们在教学中形成的,其主要作用是探讨和揭示各种教学现象及其规律,对教师的教学活动具有指导性;学的理论是探索和揭示人类学习过程的本质和规律,对人类的学习活动具有指导性,尤其是学生的学习活动。教与学这两个方面的基本理论从不同侧面对教学问题的解决、教学方案的选择和制定提供了科学依据。所以,教学设计的理论基础也主要包括教与学的理论。

思想品德学科教学设计作为一种学科教学设计,不但要遵循一般的教学理论,还要以中小学思想品德学科教学理论为依据。思想品德学科教学理论是思想品德学科教学实践经验的总结和全面反映,是对思想品德学科教学过程及其规律的系统研究,应该作为思想品德学科教学设计最直接的理论依据。在进行教学设计时,要以引导学生了解学科知识为基础,坚持理论联系实际,运用学科知识来了解复杂的社会现象,分析解决实际问题,提高思想认识,为科学的世界观、人生观和价值观的形成奠定基础。

进行教学设计时要以教学理论为依据,使教学设计的方案和措施符合教学规律,说起来简单,在实际操作中并非易事。在现实的教学实践中,有些教师过分注重教学经验,而忽视了理论的指导性,在进行教学设计时,经常对教学中出现的问题依靠经验进行处理;有些教师不明白如何使用教学理论,如何用教学理论为指导

对教学进行系统的规划,他们的教学设计往往比较随意,这样势必会对课堂教学的质量造成影响。所以,在进行教学活动设计时,教师要主动自觉地运用科学的教学理论为指导,这样才有可能使教学脱离狭隘的经验主义,达到优秀的教学效果。科学理论的指导是教学设计由经验层次上升到理性、科学层次的一个基本前提。

(二)系统理论

系统指的是由一些相互联系和制约的部分,依据特定的规则组成的、具有一定功能的整体。我们以系统科学的基本原理与方法为依据,在研究事物的过程中,一定要以系统观点为出发点,通过系统与要素及要素与要素之间的相互联系和相互作用中精确地、综合地对事物进行考察,从而使问题得到最佳效果的解决。

思想品德学科教学是一个复杂的系统,它是由教师、学生、教学手段、教学方法及教学内容等多种教学要素共同组成的。这些要素之间相互联系、相互作用,并且这些不同的联系方式和作用方式还可以形成多样化的教学模式。由于思想品德学科教学是一个系统,所以我们在对其进行设计时,就要遵循科学的原理,通过系统方法来分析教学中各个要素的地位和作用,明确各个要素发挥作用的条件和有效时机,使得各个要素能最紧密的组合,从而发挥教学系统的整体功能,使教学效果得到优化。可以说,以系统理论为基础,是教学设计的一个基本特征,也是教学设计成功的关键所在。

(三)传播理论

传播理论有非常宽泛的研究范围,它研究的是自然界中所有信息传播活动的共同规律。就思想品德学科教学而言,它也是一个信息双向传播的过程,其主要包括信息从教师传播到学生和信息从学生传播到教师这两个方向,而且信息在教师和学生之间的有效交流是教学成功的必要条件之一。所以,传播理论也应该是教学设计的理论基础之一,传播理论中的信息结构、信息通道及信息数量等理论对教学设计有着直接的指导意义。

从信息通道方面来看,有研究表明,人类的各种感觉器官有其各自不同的功能,在同样的条件下,各种感官所获取知识的比率也不同,通常情况下,视觉带来的效果是最好的,听觉则次之;就教学材料而言,有的材料适合通过视觉方式来呈现,有的则适合通过听觉方式来呈现。这些也是设计教学方法和教学媒体的科学依据。

从信息结构方面来看,在进行信息传播时,必须先对信息进行编码,考虑信息的结构和顺序是否与信息接收者的思维和心理顺序相契合。由此可见,在对教学内容信息的整体结构及教学信息传递的基本进程进行设计时,要与学生的特征相符合,应做到合理有序,而无序信息结构的缺乏,很难理解和掌握,即使掌握了也很容易被忘记。

从信息数量方面来看,固定时间内信息数量传递的多少也会对传递效果产生影响。信息量太少,会浪费时间和人力,信息传递效率太低;信息量过大,信息密集度就会高,这样就会加重负担,使信息通道阻塞,直接影响传递效果。因此,思想品德学科教学设计,要合理把握信息量,使每个教学单位时间的信息量合理、适度。

二、思想品德学科教学设计的现实依据

思想品德学科教学设计这项工作非常复杂,社会需要、学生发展、学科特性、教师特点等多种因素都对它有影响和制约作用。因而,在进行教学设计时,不仅要坚持以教学理论、系统理论、传播理论等为基础,还要依据社会需要和时代发展的要求、学生的发展需要、学科特性、学科知识、教学需要、教师的经验等来制定。

(一)依据社会需要和时代发展的要求

教学具有培养国家和社会所需要的人才的重要社会功能。特别是思想品德学科教学,具有浓厚的国家意志和强烈的时代特色。社会需求的人才、社会的文化背景、社会的政治经济条件、国家的方针政策等,这些都是思想品德学科教学必须认真面对和考虑的极其重要的影响因素。因此,在进行思想品德学科教学设计时,社会的需要和时代发展的要求必须体现出来,国家发展的新貌和新的精神也要有所反映。

我国高中思想政治新课程标准中就明确指出,我国已进入全面建设小康社会、加快推进社会主义现代化建设的新的发展阶段。随着改革开放和社会主义市场经济的发展,我国的社会经济成分、就业方式、组织形式、分配方式及利益关系也日益多样化,这给人们的思想观念带来很深的影响;日新月异的科技进步,经济全球化和世界多极化趋势,使我国的发展面临着前所未有的机遇和挑战,这对高中生的思想品德素质提出了更高的要求。这种社会和时代发展的形势,正是高中思想政治课课程标准研制的着眼点,也应该是思想品德学科教学设计的基本出发点。另外,还有许多关于思想品德课程建设的文件,都体现了国家对思想品德课程教学的基本要求,这些也是思想品德学科教学设计的重要依据。

(二)依据学生的发展需要

思想品德学科教学设计除了要体现社会需要和国家意志之外,还要考虑学生的需要。思想品德学科是一门公民素质教育的课程,其目的是促进学生的良好发展,提高学生的思想品德素质。思想品德学科教学的最终目标是学生的发展,教的目的是让学生学,学是教的根本出发点,教师的教必须由学生积极主动的学才能有效果。因此,思想品德学科教学设计一定要从学生的实际出发,以学生的学习需求、认知规律和学习兴趣为基础,能起到对学生激发和促进作用,还要表现出对学生的关爱和尊重,满足学生发展的需要。总之,在进行教学设计时,要把学生的特点、学生的需要看作一个重要的依据,必须认真对待。

例如,小学思想品德教学设计的核心应该是儿童的成长,并进一步深入研究儿童与自我、儿童与自然、儿童与社会的关系。因为每一个儿童都是在与自我、自然和社会的互动中成长起来的,所以每一个儿童身上的自我、自然和社会是交织在一起的,这种关系是不能分割的。其实,这是对儿童作为个体和作为社会群体一分子的价值的一种肯定。面对着一个个鲜活的可塑性极强的个体,要使其个人和社会的一体化得以实现,就必须对他们进行精心雕琢,最重要的是要培养学生的个性、发展学生的能力。由此来看,小学阶段的品德与生活、品德与社会课程的设置其实是为学生提供了一个宽广的活动范围,这样可以更好地使他们与其他人进行自由的交流,这种交流不只是简单的语言沟通、发泄情绪,更主要的是在一定程度上经验的交流和思想的融合。

一般来说,学生身心发生巨大变化的时期是在中学阶段,这时他们需要学会正确对待和处理各种社会关系。在这个时期,他们既有很多渴望,也有很多迷茫。因此,中学思想品德教学设计必须以中学生的现实生活为出发点,遵循学生生活扩展的范围,在学生的自我认识,处理与他人、集体、国家和社会的关系,以及思想品德的健康发展方面提供必要的帮助。

(三)依据思想品德学科的特性

思想品德课程是一门社会主义公民素质教育的课程,其主要是以马克思主义的基本观点为核心。《品德与社会课程标准》指出:"本课程要以儿童的社会生活为主线,将品德、行为规范和法制教育,爱国主义、集体主义和社会主义教育,国情、历史和文化教育,地理和环境教育等有机融合,引导学生通过与自己生活密切相关的社会环境、社会生活和社会关系的交互作用,不断丰富和发展自己的经验、情感、能力、知识,加深对自我、对他人、对社会的认识和理解,并在此基础上养成良好的行为习惯,形成基本的道德观、价值观和初步的道德判断能力。"①这种新的课程观是对德育生活化理念的一种重视,对学生的品德教育一定要与其自身的生活相贴近,与学生在社会实践中的体验和感受相结合。因此,教师在评价学生的学业时,一定要重视学生在道德情感、意识和行为等方面的发展,重视对学生人文精神的培养,更要注重对道德认知、道德情感、道德意识和道德行为的综合评价,以免使其道德认知与道德情感、道德行为相脱节。

初中思想品德课程侧重于公民的思想品德素质,高中的思想政治课程侧重于公民的思想政治素质。虽然初中和高中各有不同的侧重点,但它们的根本目标都是对公民基本素质的培养。思想品德教育课程与其他课程相比,具有自身的特点,如思想性、综合性、人文性、实践性等。在进行思想品德学科教学设计时必须对这些特点加以关注,要把这些特点体现出来。

例如,思想品德学科同时具有知识性和思想性的特性,而思想性是它的根本属性,也是这门课程的灵魂,它对课程的方向、课程的基本特征都起着决定性作用。从某种意义上来说,思想品德学科属于一门德育性质的课程,它在学校德育工作系统中属于一个重要环节,但它与一般德育工作的课程特点不同,所以它也具有其他学科课程所不具备的特殊重要的德育功能。在进行思想品德学科教学设计时,除了要关注学科知识教学外,还要立足于思想性上,以思想性为中心进行展开,主要对学生进行思想教育和品德熏陶。一方面,要把课程内容本身所具有的思想教育因素充分利用起来,在知识教学中进行思想教育;另一方面,在进行知识教学设计时,要注意以学生喜爱的形式呈现,在潜移默化中提高学生的思想水平。

思想品德学科的实践性是其另外一个重要的特征,只有在社会生活和实践中才能使人的思想品德得到锻炼和提升。所以,在对思想品德学科进行教学设计的同时要加强实践环节,让学生对自己已经具备的生活实践经验进行开发和利用,要对学生关注度高的话题进行优选,对学生在生活实践中遇到的或者存在的问题要给予一定的帮助和解决,通过让学生自主参与丰富多样的课外活动,来提升他们的知识技能,优化其知识结构,丰富其生活经验,从而使其形成正确的思想观念,发展优良的道德品质。

---

① 中华人民共和国教育部. 义务教育品德与社会课程标准[M].北京:北京师范大学出版社,2012.

（四）依据本学科的相关知识

所有的教学都必须建立在相关知识基础之上，离开了学科知识，教学就成了无源之水、无本之木，思想品德学科教学也必须建立在相应的学科知识基础上。思想品德学科教学内容的依据主要是课程标准和教材，因此，认真研究课程标准和教材是进行教学设计的前提，以相关的学科内容为基本依据，不能随意更改。

需要注意的是，教学设计虽然要以学科知识为依据，但不能直接照搬学科知识，主要要注意协调以下三方面的关系。

第一，理论知识与直接经验的关系。思想品德学科教学设计既要重视目前已有的学科理论知识，又要密切关注学生对间接经验的获取，让学生不再受到传统模式的束缚，不再受到书本理论知识的局限，指引学生自主探究，通过自我努力来获取直接经验。

第二，学科知识的系统性与教学内容体系的系统性的关系。思想品德学科知识的逻辑结构和理论体系都非常完整，针对这种知识的系统性，教师在进行教学设计时应该予以尊重。但是为了实现帮助学生学习、促进学生发展的这一教学目的，教学设计的内容就需要与学生的认知规律和发展需要相符合。所以，教学设计不应该对学科知识生搬硬套，对教材内容简单罗列，必须以学生的实际情况为出发点，对学科内容进行适当加工、重组，从而使新的教学内容系统产生。

第三，学科知识与思想教育的关系。在进行思想品德学科教学设计时，对思想品德及思想品德教育的要求要表达明确，使知识性与思想性的关系更加协调。强调以思想品德观点统领知识点，知识点的选择为思想教育目标服务。因此，思想品德学科教学设计要重点突出教育性和思想性。

（五）依据教师自身的特点和经验

从某种程度上来说，教学设计是教师根据自身的特点，以经验为依据进行的一种创造性劳动的过程。一方面，所有教师都具有自身的特点，每位教师都有自己的优势，所以在进行教学设计时首先要从自身的特点出发，在教学中使自己的优势得以发挥，树立自己的风格；另一方面，教师在长期的教学实践中总结出的教学方法都是好的教学经验，这些对教学设计也有很大的影响，是教学设计的重要依据之一。但是不是所有的经验都是完全可取的，在进行教学设计时，我们不能全部按照经验行事，要有针对性地对一些可以借鉴的教学经验进行筛选，把科学的方法理论和好的教学经验相结合，使教学设计的科学性和艺术性更加统一。

综上所述,在进行思想品德教学设计时要多方面地参考现实依据。尤其要注意这些因素之间可能存在的矛盾和冲突。例如,在强调社会需求与发展学生个性之间会发生一定的矛盾,学生的认知规律与强调学科知识的系统完整之间会发生冲突等。因此,在进行教学设计的具体环节时,应找到它们之间的最佳结合点,客观地认识和处理它们之间的关系。

第三节　中小学思想品德教学设计的基本程序

教学设计理论和实践在不断发展,中外许多学者也从不同方面对教学设计过程提出了不同的看法,构建了不同的教学设计基本流程。

美国教育心理学家加涅和布里格斯把教学设计分为系统级、课程级和课堂级,在这三个等级中教学设计被分为 14 个步骤,这种设计适用于整个教育系统以及课堂教学设计,具体内容如下。

系统级:

(1)分析需求、目的及其需要优先加以考虑的部分;

(2)分析资源和约束条件以及可选择的传递系统;

(3)确定课程范围和顺序,设计传递系统。

课程级:

(4)确定某一课程的结构和顺序;

(5)分析某一课程的目标。

课堂级:

(6)确定行为目标;

(7)制订课堂教学计划;

(8)开发、选择教学材料和媒体;

(9)评定学生行为。

系统级:

(10)教师方面的准备;

(11)形成性评价;

(12)现场试验及修改;

(13)总结性评价;

(14)系统的建立和推广。

李克东认为教学设计的过程分为 3 部分:(1)分析教学目标。对学生的学习内容加以明确;(2)落实教学策略。为了达到预期目标,此时要选择所需要的资源,明确程序,找到方法;(3)进行教学评价。

肯普的教学设计程序由9个部分组成:(1)讨论目的。首先列出课题,然后对每一课题的教学目的进行陈述。(2)列出学生的特点。(3)对可以取得明显学习成果的学习目标进行确定。(4)列出各个学习目标的学科内容。(5)预估学生对有关课题的基础知识和表达能力。(6)选择教学活动和教学资源。(7)对预算、设备、仪器、人员和时间表等进行协调。(8)实施教学。(9)根据学习目标的完成情况,对学生的学习成绩进行评价,作为修改和再评价计划中需要修改部分的依据。

上述教学设计的程序各不相同,但他们的基本环节具有相似之处。在实际的教学中,对于思想品德学科的教师来说,那些过于复杂的教学设计程序,即使他们有心,真正实行起来也是难以完全实现;而那些过于简单的教学设计程序,又不能把教学设计的系统流程全面反映出来。我们以教学设计的基本要求为依据,结合思想品德学科的教学实际,把思想品德学科教学设计分为以下几个基本步骤。

一、教学设计的准备

教学设计的基础是做好充足的准备。教学设计有许多准备工作需要做,包括对课程标准、教学内容、学生情况、社会实际的分析,以及收集和筛选教学资料等。

(一)课程标准分析

思想品德教学设计第一步要做的是研究课程标准,这是由课程标准的地位和作用决定的。

思想品德学科课程标准是由国家教育主管部门统一制定和颁布的指导性文件,它明确规定了思想品德课程的理念、性质、内容、目标等,在教学、评价、课程资源开发和利用等几个方面也提出了建议。课程标准是教材编写和教师教学的依据,是检查教学效果以及评估教学质量的依据,也是国家指导和监督学校教学工作的一种依据。因此,教师必须对课程标准进行认真研究,把其精神实质领会透彻,对它所规定的课程理念、内容标准、课程目标、教学建议等了如指掌,通过这样,才能把教材研究透彻,确立正确合理的教学目标,对教学内容也能够完全掌握,并能使教学进程得到妥善安排,选用科学的教学手段和方法,使设计出的教学方案更加切实可行。

课程标准分析主要应该对以下几个方面予以关注。

（1）课程标准对课程性质和课程理念的规定

本课程与其他课程的区别主要是通过课程性质和课程理念来体现的,课程性质和课程理念制约和支配着本课程的一切教学活动。课程性质和课程理念的基本精神必须在教学设计中有所体现,这样教学设计的学科特性才能发挥。

（2）课程标准对课程目标的规定

课程目标是本课程价值的体现,是学生通过学习本课程后所要达到的预期结果和标准,也是我们进行教学设计的重要依据。课程目标的具体内容就是教学目标,主要是教师教和学生学的目标,包括每个单元、每节课甚至每个教学环节、教学活动应达到的具体目标。

（3）课程标准对课程内容标准的要求

以课程目标为依据,以课程内容为基础,对学生的学习结果用清晰明确的词语进行描述就是课程内容标准的要求。它是国家对本课程内容基本规定的体现,也是对学生应该达到的学习水平层次的要求。

（4）课程标准提出的实施建议

主要包括教学建议、评价建议、课程资源开发与利用建议等。

（二）教学内容分析

思想品德的教学内容主要是以课程标准为载体,而教材则是课程标准的具体化,是最基本的教学材料,它既是教师施教的"教本",又是学生学习的"学本"。因此,教学内容分析主要是对教材的研究。

教学设计要以对教材的研究为基础。教师只有把教材研究透彻,才能对教学的基本内容和这些内容之间的联系明确于心,找出重点、难点。教师也要了解学生们对相关知识的掌握程度和已有的思想认识情况,然后再根据教材内容制定合适的教学方法,编写教学方案,开展各种教学活动。可见,如果教师对教材没有透彻的分析,在进行教学设计时就不知从何入手,教学活动的展开也就受到影响。

对教材分析需要注意的主要是以下几方面。

（1）教材地位分析

对教材地位要从两个方面来进行分析。一方面是教材内容在整个教材体系中的地位的分析。每一本教材都是一个有机整体,它都是由模块、单元、课、框组成的,这些都是教材的重要组成部分,它们都在教材体系中占有特定的地位。另一方面是教材在学生发展中的地位和作用的分析。这一分析为教师对教学目标和教学重点难点的确定、教学内容的选择、教学方案的设计等提供了重要依据。

（2）教材内容结构分析

对教材内容结构可以从三个基本层面进行分析。第一，整体结构。这方面指的是某一课程模块教材的宏观结构。思想品德课程各模块的教材都由若干单元构成，并围绕着一定的主线展开。对教材整体结构的分析，为我们从宏观的角度考虑教学提供了帮助，使教学设计的计划性和系统性也得到了优化。第二，单元结构。这方面指的是在同一教学单元内各课之间的相互关系。对教材的单元结构分析，为我们制定该单元的教学目标及每一课在单元中占有怎样的地位和作用提供了重要依据。第三，课时内容结构。这方面指的是每一课时中的内容，如框、目及其中的知识点之间的相互关系。在思想品德教材中，各个框、目下都包含一些知识点，而这些知识点之间都存在着各种关系，如递进关系、辩证关系、相似关系、包含关系、并列关系等。对这些知识点之间的相互关系进行分析，对于我们把握学科知识的内在联系，建立系统化的知识体系十分有利。

（3）教学重点、难点分析

教材中最基本、最重要的核心部分就是教学中的"重点"，教学重点在整个教材中占有重要的地位，发挥巨大的作用。学科中的基本概念、基本原理、基本观点等属于知识上的重点，它们为以后内容的学习提供了基础，常用性和应用性非常强；除了知识上的重点之外，还有思想教育的重点，这是对学生思想观点和行为品质方面进行的教学重点。教学"难点"指的是学生对于教材中不易理解和接受的部分，这些"难点"主要分为以下几种情况：一是知识上的难点，有些比较抽象的知识或学生对某一方面的认识缺乏，造成理解上的困难；二是思想上的难点，即学生能够从道理上来明白，但是从思想上接受不了这些内容；三是学生易错易混的内容。

（4）教材所包含的科学方法分析

教材在对科学知识和思想观点进行阐述的过程中会使用很多科学方法，这些科学方法包括比较、分析、综合、演绎、归纳等。为了在教学设计中更好地融入"过程与方法"，在分析教材时也要注意分析教材中蕴含的科学方法，为培养和发展学生分析和解决问题的能力、参与社会实践的能力提供指导。

（三）学生情况分析

教师教学的最终目的是使学生学习，使学生得到发展，学生才是学习的主体。所以，教学设计的前提是对学生的基本情况要了如指掌，教学设计要从学生的实际出发。教学目标的确定，教学内容的安排，教学方法的选择，教学方案的规划，这些都要根据学生的实际情况来决定。教师要引导学生参与教学活动,使教学设计具有针对性。

对学生情况分析就是要对学生的各个方面尽可能地多了解,在进行思想品德学科教学设计时,除了要对班级的学生构成情况、整体的学习状况,以及师生关系、生长环境、个性特点等一般情况做到充分了解以外,还要对以下几个方面的情况着重了解。

(1)学生的学习基础

既要对班级的整体基础了解,还要掌握每个学生的学习基础、智力水平、学习态度、学习兴趣、学习方法、学习习惯、学习能力等,以便教学能够顺利展开。

(2)学生在学习时遇到的疑难困惑

学生对有些教材的内容可能难以理解,接受起来也相当困难,教师在进行教学设计时要以学生的智力水平和接受能力作为参考,对于学生在学习中遇到的疑虑和困惑要给予帮助解决,引导其进步。

(3)学生的思想状况

对学生进行思想品德教育,是为了使学生的思想品德素质得到提高。因此,在进行教学设计时,对学生的思想状况要了解,学生的思想状况一般包括对党和国家各项路线方针政策的态度,对班集体的情感,对集体劳动的热爱程度,对国家法律和学校各项规章制度的遵守等。只有对学生的思想状况充分了解后,才能在教学设计中有针对性地对学生进行思想教育,帮助他们提高认识、陶冶情操、启迪觉悟。

(四)社会实际分析

思想品德学科的国家意志和时代特色很强,思想品德教学也会受到社会经济、政治、文化等方面变化的影响,思想品德教学必须以国家的利益和要求为根本,体现社会变化发展的形势和趋势。因此,思想品德教学设计也需要建立在对社会实际进行分析的基础上。社会实际分析尤其要注意以下几个方面。

(1)党和国家的相关精神

要注意及时对党和国家的路线、方针、政策及有关教育教学工作、青少年德育工作等的指示进行关注,并在教学设计中积极贯彻落实,这样才能使思想品德学科教学坚持正确的政治方向,有效落实思想品德学科课程的地位。

(2)与教学内容有关的社会热点、焦点

思想品德学科的教学内容密切联系着社会实际,中小学生也要对社会实际中的一些热点、焦点问题密切关注。所以在进行教学设计前,首先要对社会背景的变化分析透彻,对学生关注的社会热点和焦点也要整理清楚,这样做出的教学设计方案才是符合学生需要的,也为教学的顺利进行打好了基础。

(3)学校教育教学工作计划

对学生的德育教育主要是通过思想品德学科来实现的。思想品德学科与其他各科教学、时事教育、班主任工作等既有区别,又互相配合,共同分担德育任务。因此,思想品德学科教学设计必须对学校教育教学工作计划掌握了解,与学校教育教学工作的总体计划和安排相一致,与学校德育的其方面相协调,这样各方面的力量才能相互配合,为思想品德教育的发展增强力量。

(五)教学资料的收集和整理

与思想品德学科教学有关的文章、时政、故事、格言、典故、试题等都属于思想品德学科教学资料。这些教学资料种类繁多,根据教学资料的来源可以分成书籍报刊的资料、电影电视的资料、社会生活的资料等;根据教学资料的存在形态可以分成纸质资料和音像资料。

为了提升学生的学习兴趣,加大思想品德学科的吸引力,对于思想品德学科教材中的基本概念、原理、观点等这些抽象的东西的论证,我们需要借助一定的客观事实和相关材料。因此,在进行思想品德学科教学设计时,要大量收集和整理相关的资料。收集资料时需要注意以下几点。

(1)收集资料的范围要广

这种广泛性主要体现在:①资料内容的广泛性。从根本上说,思想品德课程是一门综合性的课程,它与哲学、经济学、政治学、文化学、社会学、法学、伦理学等多个学科的知识都相关,因此,在资料收集时也要注意包含这些领域。②资料来源的广泛性。收集资料时要包含国内的、国外的、古代的、现代的;获取途径既有间接获取的,如从报纸、杂志等中获取,也有直接获取的,如通过社会实践得来的,等等。③资料形式的广泛性。收集资料时可以是数据、表格、故事、新闻、图书、音像、漫画、试题等多种形式。

(2)收集资料要坚持

搜集资料不仅需要细致,更是一项需要持之以恒的工作。广大教师都担负着繁重的教学任务和社会工作,没有专门的时间去收集整理资料,这就需要教师随时关注,把资料收集当作一项业余性的、经常性的工作,日积月累地完成。

(3)收集的资料要整理

这种整理主要包括两个方面。一方面是要从内容方面来整理。对于典型的、有重要价值的资料要整理出来。另一方面是按时间顺序来整理。随着时间的更新和时代的进步,一些资料就会显得过时和陈旧,对于这些资料要逐步去除,以保持资料的时代感和新鲜感。

二、教学设计的实施

教学设计理论与实践不断发展,人们对教学设计的展开方式和展开内容也发表了不同的看法和论述。

钟启泉认为,教学设计应该包含以下几个方面:①确定教学目标;②认真钻研教材;③搞活教学活动;④讲究教学策略;⑤实施教学评价。

教学设计的基本内容被麦曦等分为三大部分,八个基本要素或环节。三大部分包括:教学目标设计、教学策略设计和教学评价设计。八个基本要素是:①教学对象;②教学内容;③学习目标;④教学内容、顺序设计;⑤教学方式、方法设计;⑥教学媒体选择;⑦形成性评价设计;⑧总结性评价设计。

教学设计要根据教学内容的不同而设计出不同的方法和步骤,但基本内容是一样的。由此,可将思想品德学科教学设计的内容归纳为以下三方面。

(1)教学目标设计

教学目标是教学活动的预期效果,它指出了学生能够学会的东西、学习的程度。教学目标是一根主线,所有的教学活动都要围绕这根线展开,教学活动的效果是衡量教学目标设定是否合理的重要依据。所以,教学目标设计是教学设计的根本。

(2)教学实施设计

根据教学目标怎样来实施教学活动,或者说教师怎么教和学生怎么学,才能使学生达到预期的目标,这是教学设计实施时需要解决的问题。教学实施需要借助一定的组织形式,由许多要素和许多环节构成,还必须按照预订的方案进行,这是一个特别复杂的过程。可以把思想品德学科教学实施设计分为四个方面的内容:①对教学组织形式的设计,含有课堂教学和课外活动两部分的设计。②对教学要素的设计,主要指教学实施中师生行为活动的设计、教学内容的设计、教学方法和媒体的设计等。③对教学环节的设计。包括如何用导入法教学、教学语言的选择、教学板书的设计、教学提问的技巧、教学小结设计等。④教学方案的设计。含有学期教学方案的设计、单元教学方案的设计、课时教学方案的设计、课外活动方案的设计等。

（3）教学评价设计

在教学完成后需要进行相应的评价来检查教学效果。因此如何获取教师教和学生学的评价信息，评价教师教和学生学的效果的标准和方法是什么，这也是思想品德学科教学需要设计的重要内容。

三、教学设计的完善

做完教学设计方案后，并不能说明教学设计已经完成了。为了优化教学设计，使它与教学要求相符合，并具有特色，就需要对初步形成的教学设计方案进行修改和完善。对教学设计的完善通常要采用下列方法。

（1）在自我审视中完善

教师对于自己初步完成的教学设计，先按照教学设计的基本要求进行检查和研究，根据要求分析教学设计中教学目标的定位是否准确，教学各要素、各环节的设计是否合理，教学评价设计是否恰当，进而做到教学设计的优化。

（2）在交流研讨中完善

完成教学设计后，教师可以与同行进行探讨，遇到专业问题还可以请教有关专家，征求他们的意见。在遇到教学设计中存在的问题时，要及时改进思路和方法，使教学设计能够更完善。

（3）在教学实践中完善

教学设计完成后，教师要把它用于教学实践。教学实践后，会获得一些反馈信息，这样可以了解教学设计在教学过程中的可取之处，还可以发现教学设计中存在的问题，然后继续调整教学目标的定位、教学要素的组合方式，以及教学环节的构建与衔接情况，使教学设计更符合教学实际，保证教学设计能够更和谐、高效地实施。

第三章　中小学思想品德微观教学策略

第一节　合作教学策略

在思想品德课程的学习中,学生是被动的接受者,每天死记硬背课程内容,对习题的练习也是题海战术。新课程改革要求改变这种现状,提倡让学生主动参与、积极探究、勤于动手,使学生的能力在收集和处理信息方面、获取新知识方面、分析和解决问题方面、交流与合作方面都有进一步的提高。合作学习主要突出的是学生的主体地位,对于学生的合作精神与人际交往能力的培养十分有利。合作学习还可以提升学生对团队的责任感,对学生个性的发展也很有益。本节通过与思想品德学科特点相结合来研究如何运用合作学习的教学策略,从合作教学模式的定义和基本目标、操作步骤、评价要素方面逐步展开分析。

一、合作教学模式的定义和基本目标

(一)合作教学模式的定义

欧美国家称合作教学为合作学习,它兴起于20世纪70年代的美国,在20世纪70年代中期至20世纪80年代中期取得了很大进步,形成一种具有丰富创意和实际效果的教学理论与策略。到了20世纪80年代末,合作学习的研究与实验也在我国出现了,并获得良好的效果。如今合作学习是中小学思想品德课堂上经常使用的教学方法。

尽管国内外学者对合作学习的定义不同,但它们的基本特征是一样的:第一,合作学习的基本单位是异质学习小组;第二,学习活动的目标都很明确;第三,小组成员面对面地直接交流;第四,小组成员的分工明确,个人责任感强;第五,评价和

奖励都以小组的团体成绩作为依据。

把以上观点与思想品德学科的特点相结合,我们认为思想品德合作学习指的是教师以思想品德课程标准为依据,对可以让学生进行合作学习的内容进行选择,把学生按异质分组方式分成若干小组,并组织学生进行学习,让学生积极参与,合作互助,共同完成学习目标的一种教学策略体系。

(二)合作教学模式的基本目标

思想品德合作学习旨在通过合作学习来培养学生的合作精神,发展他们的人际交往能力,提高学生对团队的责任感,促进学生个性的发展,为他们形成正确的世界观、人生观和价值观奠定基础。

1.培养学生合作精神

合作精神指的是团队内部成员要互相支持、通力合作、对集体要无私奉献的一种群体精神。合作精神的核心是集体主义,是合作共享、乐于奉献,是集体的利益大于个人的利益。

2.提高学生对团队的责任感

在进行合作学习时,把全班同学分成几个学习小组,每个小组都有不同的子课题任务。组内每个成员都分配了不同的任务,每个人都有自己要承担的责任。合作学习中目标的完成是以小组为单位的,在进行成绩评价时也是以小组总体成绩为依据,因此,小组个人目标的完成并不能代表总体成绩,它与小组的整体目标是紧密相关的,小组成员之间的关系是不可分割的。只有小组内所有成员都成功了,小组才算获得成功。

3.发展学生的人际交往能力

人际交往的能力主要包括理解表达能力、人际感受能力及人际融合能力。在人与人交往的过程中,个人首先要具有交往的意愿,对于与他人交往持积极的态度,并且在交往中的表现行为适宜,与他人具有和谐的关系,这种能力就是人际交往的能力。在合作学习中,个别化与人际化互动被充分、有机地融合在一起。在小组合作活动中,成员间互相交流,彼此争论,对于别人的不同意见、批评或建议要宽容地接受,在向别人表达自己的思想、情感和主张时要真诚;对于自己的情绪要有自制能力,对于别人的意见要倾听和采纳,在合作学习中遇到问题时要协商解决。

4.促进学生个性发展

个性在《心理学大词典》中也叫人格,它指一个人的整体精神面貌。个性结构是由复杂的心理特征结合构成的整体。这些特征有：第一，完成某种活动的潜在可能性的特征，即能力；第二，心理活动的动力特征，即气质；第三，完成活动任务的态度和行为方式的特征，即性格；第四，活动倾向方面的特征，如动机、兴趣、理想、信念等。这些特征不是孤立存在的，是错综复杂、相互联系、有机结合的一个整体。合作学习将传统教学中的师生互动拓展为师生、生生之间的多维互动，生生互动成为合作教学活动成功的重要因素。每个学生都带着自己的认知倾向、思考方式和价值观念参与到集体学习中，在共同讨论各自见解和进行协商的过程中彼此启发、相互激励，每个学生均可从中受益，获得认知成长和人格发展。

二、合作教学模式的操作

依据合作教学模式的特点，合作教学模式分为四个阶段，包括准备阶段、开始阶段、展开阶段和总结反馈阶段。合作教学模式的操作指的是主客体（教师、学生、教材）的关系在这些基本环节中是怎样相互转换的，如何对教学内容、教学方式、组织形式、教学资源、评价方式等做出具体的系统谋划。

（一）准备阶段

1. 结合教材选择恰当的内容

合作学习的优点很多，比如可以使学生优势互补、有益于形成良好的人际关系、对学生个性健全发展也有促进作用等，但是，并不是所有的教学内容对合作学习都适用。因而，在进行合作学习时要结合教材选择恰当的内容，这是开展合作学习的重要前提。

在选择合作教学内容时除了要依据教材，还要结合课程标准规定的教学内容，以联系策略的思想为指导，选择的内容要与学生的智力、能力、知识结构水平相当，并且要具有趣味性、启发性、探究性和可操作性；教学任务的难度要适中，以难度在"个人能力之上、小组合力之下"为原则。难度在个人能力之上，是小组需要合作的必要前提；难度在小组合力之下，才能使小组的合作成功得到保障。

2. 依据分组原则对学生进行分组

科学、合理地分组才能保证合作学习的顺利进行。教师在组建合作小组时应按照"组内异质、组间同质"的原则。组内异质指的是小组成员在学习基础、学习风格、表达能力、动手能力、性别等方面有一定的差异性和互补性，这样小组成员之间才能互助合作。组间同质指的是各小组之间尽量减少差异,使他们在各方面的情况相当,使小组之间的竞争尽量做到公平。充分发挥合作学习优化组合、优势互补、相互促进的作用。

小组成员的组成一般包括 4~6 人,以学生的学习基础、性别、个性品质等为基础来合理安排合作伙伴,给他们分配相应的任务,设立相应的角色,小组主要可以设立以下角色:①组长。小组的管理、组织、分工、协调等工作主要由组长负责。②记录员。对合作过程的记录、评价工作是由记录员负责的。③资料员。资料员的主要任务是收集学习资料。④发言人。发言人要整理好学习报告,代表小组来汇报学习成果。小组成员之间可以互换角色,这样每个学生都可以体会不同角色,并从中得到锻炼与提高,同时获得全面发展和个性张扬的机会。为了使学生合作学习的兴趣提高,人心聚集,形成小组目标和团队精神,可以让大家集思广益为小组起一个富有创意的名字,喊一个积极向上的口号。

(二)开始阶段

1.明确合作学习的目标和要求

学习小组组建后还需要做一些准备才能保证合作学习的效率。对合作学习的目标和要求首先要明确,在合作学习时需要帮助学生掌握一些操作要求,对于小组合作时的一些基本技能也需要掌握,这样才能形成良好的合作行为,这也是合作学习成功的关键所在。

在初次进行合作学习时,教师首先要让学生明白合作学习的目的、合作学习的作用、合作学习的展开方式,以及他们被老师给予的期望。

在对合作学习的目标和要求明了后,教师要教给学生必要的合作技能,这些技能包括:学会倾听(尊重与信任)、学会表达(理解与沟通)、学会协作(互助与配合)、学会分享(体验与反思)。这四种技能的具体表现见表3-1。

表3-1 良好技能的表现

技能项目	具体表现
倾听技能	眼睛要注视对方 用微笑、点头等方式给对方以积极的暗示 边听边想,记录要点 有耐心、不随便打断别人的发言 使用礼貌用语

技能项目	具体表现
表达技能	先准备后发言 层次清楚,围绕中心有条理地表述完整 借助解释的方式说明自己的意思 借助面部表情、身体动作、图示或表演等手段辅助口头表达
协作技能	运用口头语言对别人进行激励评价 运用点头、微笑、会意的眼神、竖大拇指和击掌等头部语言、手势 语言等对同伴进行鼓舞 主动关心别人,学会对同学说"不懂找我,我会帮助你的" 求助时要有礼貌,请教对方要用商量的口吻,接受帮助后要表示感谢
分享技能	独立思考,大胆且有礼貌地向对方提出自己的不同看法 虚心听取别人意见,并且能够修正和完善自己的思想

让学生具有这些良好的合作技能,并形成习惯,提升学生的人格品质,离不开教师在日常教学过程中有意识地长期培养。

2.创设情境,呈现学习材料

学生把合作学习的操作步骤全部理解后,他们也对一些基本的合作技能有了一定的掌握,然后教师要把学习材料呈现给学生,使其与具体的教学内容相结合,把合作学习的情境为学生创设出来,将学生已有的知识经验与这些新信息联系起来,帮助学生尽快找到解决问题的切入点。同时,教师可以为学生讲述在学习中需要牢记或使用的重要内容,但是讲述的量要适中,不宜太多,以免引起学生反感,也不宜太少,使学生在实际操作中困难重重。为了使讲述的内容产生良好的效果,呈现信息时教师可以以循序渐进的方式表达出来,为了表述明确,还可以采用举例子或画图例的方式来表达,有时还可以以提问的方式来确保他们理解了讲述的内容。

(三)展开阶段

1.任务分配,学生进行各自的学习

做足了充分的准备之后,学生具备了合作学习的基本条件,对于合作学习的意向也提高了,在此基础上,教师要组织学生进行下一个重要的环节,那就是让学生先进行个体学习,之后再以合作学习的方式开展。因为学生在合作学习中是需要参与讨论和探究的,他们进行讨论和探究的基础是自己的认知能力和见解,而别人无法来替代个体的独立思考。合作交流的前提就是独立思考,如果学生的思考不能达到一定的程度,讨论就会没有意义。学生只有在思考之后有了自己的见解,再展开讨论,才有可能出现一点即通、恍然大悟的效果。因此教师在组织学生进行讨论之前,必须要留给学生独立学习和思考的时间。如果学生缺乏独立思考和学习,就不能形成自己的思想与观点,这样,学生在合作学习中只能作为观众或听众,对于合作学习时小组的讨论也不能提出具有意义的赞同或反对,起不到合作学习的效果。

2. 小组讨论整合学习结果

在这一环节中,学生把自己独立思考和学习的结果在小组内进行陈述和交流,其他同学可以对其进行评价,还可以对不足之处进行补充,讨论和研究有争议性的问题,负责记录的记录员把大家的意见记录下来并且有条理地进行整理,然后整合成小组学习结果,再由小组发言人进行小组学习成果汇报。

(四)总结反馈阶段

1. 全班进行交流,把小组合作学习的成果呈现给大家

这一环节被称为合作学习的"点睛之笔",学生以某种方式把小组合作学习的成果展示出来,在全班分享。通过展示各自的成果,小组合作学习的效果就得以展现,学生的荣誉感、归属感和责任感也剧增,学生更愿意展示自己的才华,同时,他们的合作意识增强,合作技能得到提高,潜能也被开发出来。学生在分享合作学习成果时要学会倾听和交流、学会评价和提出建议、学会调整和改进等技能,学生在感受到成功的体验后自信心就会大大增强。

2. 评价合作小组学习结果

在欣赏了各个合作学习小组的学习成果后,学生最渴望的还是得到教师的即时评价,这对合作学习能否持续发展具有重要意义,这也是一个关键的环节。这个评价的权利也可以由教师交给全体同学,建立一个评价小组,以合作学习的目标、内容为依据设立评价细目,给出量化分数,给每个小组打分,在这个基础上,教师再对表现突出的小组和学生个体给予认可和奖励。

三、合作教学模式的评价

根据合作教学要达到的四个目标提出了对合作教学的评价,合作教学评价主要包括四个方面:学生合作精神、人际交往能力、团队责任感和个性发展,通过对这四个方面达到的效果来评价。

(一)对学生合作精神的评价

合作精神的核心是集体主义,是合作共享、乐于奉献,是个人利益对团队利益的服从。一般从以下五个方面对学生的合作精神进行评价,见表3-2。

表3-2　学生的合作精神评价表

合作精神要素	相应要素的行为表现
合作态度	积极参与合作学习全过程,充分发挥自身潜力 心情愉快、活泼、开朗、自信 能合理设置目标使自己不断体验成功的乐趣
与团队的关系	和同伴齐心协力取得集体的成功 明确自己的角色与团队的关系 能遵守规则,遵守小组的约束 自觉履行自己的权利和义务
与同伴的关系	愉快地接受同伴的意见和建议 能及时给予同伴支持 与同伴一起分担困难,处理问题 尊重他人的兴趣和需要 尊重他人的权利和义务 能正确处理竞争与合作的关系 能不计较胜负,真诚赞扬对手
自我反馈	明确自己的角色与团队的关系 自觉履行自己的权利和义务 能合理设置目标使自己不断体验成功的乐趣
自主改进	一旦失败,能认真分析失败原因,不埋怨他人 在其他的活动中也能体现合作精神

上述评价表可以设立权重,由自己、同学和教师公开进行评价,在自我评价、同学评价和教师评价的基础上确定相应等级。

(二)对学生人际交往能力的评价

可以从以下三个方面来对人际交往能力进行评价,见表3-3。

表3-3　学生的人际交往能力评价表

人际交往能力要素	相应要素的行为表现
交往意愿	积极、主动、大胆地与他人交往 正确地认识自我,不以"自我"为中心
交往行为	从小事做起,注重礼貌与分寸 敏感觉察他人的兴趣和需要,关心同伴,积极主动给予帮助 真诚地向别人表达自己的思想、情感和主张 宽容地接受别人的不同意见、批评或建议 能克制自己,倾听和考虑别人的意见,学会运用协商、轮流 与合作的办法解决问题
交往结果	以实为本,以诚待人 求同存异,缩短差距 宽容忍让,和谐共处

(三)对学生团队责任感的评价

合作教学的追求目标是帮助学生学习做有责任感的公民,过积极健康的生活,一般从以下三个方面评价学生的团队责任感,见表3-4。

表3-4　学生的团队责任感评价表

团队责任感要素	相应要素的行为表现
对自己义务的知觉	明确自己的角色和任务 明白自己与团队的关系 明白应该做什么,不应该做什么
对团队负责的行为	自觉维护团队的荣誉和利益 服从集体的安排,积极主动为集体贡献才智 通过自己的努力解决集体遇到的困难 求大同存小异,善于团结他人,让集体发挥出更大的力量

续表

团队责任感要素	相应要素的行为表现
承担责任的态度	自觉、主动承担责任 信守承诺、勇担过错 承担责任后有幸福感、成就感 学会反思自己的责任

（四）对学生个性发展的评价

合作教学中对学生的个性发展一般从三个方面来评价,见表3-5。

表3-5　学生的个性发展评价表

个性发展要素	相应要素的行为表现
个性倾向性	学习兴趣高涨,主动解决学习过程中的困难 学习动机强烈,积极性高 树立正确的理想、信念,形成正确的价值观
个性心理特征	各种能力均有不同程度的发展 性格不断完善
自我意识	能用全面、发展的眼光认识自我,充满自信 设立合理的目标,不断体验成就感、幸福感 对自我行为能自主的调控

第二节　情境教学策略

在思想品德的实际教学中,情境教学占有重要的地位。根据课程改革标准,在新教材的编写中具有许多情境的设置,通过有趣的事例、故事、寓言等启发性较强的例子来导入新的课程,新课程中明了、活泼,图文并茂的课题表现方式激发了学生的学习兴趣。在新教材的编写中,要求教师在教学时要以学生周围的世界和生活实际情况为参照,选择具有综合性和典型性的材料,尽量使场景或氛围生动具体,这有利于激发学生主动学习的意向,使学生参与的体验加强,对学生的主动建构具有引导作用,使学生的积极情感得到升华,为学生全面发展起到促进作用。因此,本节重点研究情境教学模式,主要以情境教学模式的定义和基本目标、操作步骤、评价要素作为研究对象。

一、情境教学模式的定义和目标

(一)情境教学模式的定义

情境教学模式是以"情境"为理论出发点和实际切入点的。在教育心理学中,"情境"被认为是情感和场景的总和。情感是思维发展的基础,是认识活动的催化剂;场景是情感触发的原因,是认识活动的对象。课堂的教学情境主要由语言文字、图表、图像、实物材料、人物动作、人际关系等组成。

情境教学在国内外已经有很长的历史了。在我国,从春秋战国时期就出现了情境教学,比如孟母三迁教子和断织教子的故事就属于典型的情境教学。在国外,也有很多教育家对情境教学有研究和实际经验,这些在他们的教育论著和教学实践中都有体现,如苏格拉底的"产婆术"、杜威的实用主义、苏霍姆林斯基的自然教学等都是对情境教学的提倡和实践。但是,把情境教学推向一个新阶段的是保加利亚的洛扎诺夫,他根据情境教学创造了暗示教学法。在我国,许多教师对情境教学也给予了极大的关注,尤其是取得优异成果的小学语文特级教师李吉林对情境教学的探讨和实践,她在实践的基础上编写的专著《情境教学实验与研究》开创了情境教学的新局面。

新课程标准对教材提出了"通过大量的生活实例体现基本原理、基本概念和基本知识;既要有文字描述,也要适当配以图片,开发相应的音像资源。教材应选择典型案例,设计开放性情境,通过丰富的教学情境,激发学生的学习动机,培养学生的学习兴趣,调动学生学习的积极性"的要求。① 对于新课程改革的要求广大一线教师也积极适应,在思想品德学科教学中,努力创设情境,以生动形象的教学促进学生素质的全面发展。

通过以上内容总结出思想品德情境教学指的是,在教学过程中,教师以教材内容为基础,以学生的周围世界和生活实际为依据,选择具有综合性和典型性的材

---

① 教育部基础教育司.思想品德课程标准解读[M].北京:北京师范大学出版社,2003.

料,在多种多样、生动具体的场景或氛围中学习,使学生具有主动学习的意向,使学生乐于体验参与的过程,对学生主动的建构加以引导,使学生积极的情感得到升华,促进学生全面发展的教学过程。

(二)情境教学模式的基本目标

1.使学生具有主动学习的意向

思想品德情境教学最主要的作用是通过建立良好的教学情境,使学生具有主动学习的意向。赞科夫是苏联著名教育学家,他曾经说过:"教学法一旦触及学生的情绪意志领域,触及学生的精神需要,这种教学法就能发挥高度有效的作用。"[1]情境教学正是由教师通过创设情"境"、意"境",用生动的语言、精美的图画、优美的音乐等来激发学生的思维想象、求知欲望、学习动机和情感,学生的这种学习欲望与教师的导向完美融合,在教学过程中师生之间的多边互动也会产生良好效果,有利于教学目标的实现,使学生的需要得到满足。

2.使学生乐于体验参与的过程

学生的求知欲在情境中被激发出来,体验氛围也要通过情境的形式来营造,这种情境要贯穿课堂教学的全过程,以便使学生的认知情感有序深入地进行。皮亚杰指出:"教师不应企图将知识硬塞给学生,而应该找出能引起学生兴趣、刺激学生的材料,然后让学生自己去解决问题。"[2]站在心理学的角度上来研究学生的学习过程,它是一个把外部刺激转化为主体感受的心理体验的过程。在这个过程中,教师通过对教材的深入研究,创造出与教学内容要求相符的情境,使情境与教材互为融合,在多样化的教学情境中,使学生在体验的过程中不断提升自己的主体感受。

3.对学生主动的建构加以引导

在20世纪50年代的欧美各国中出现了建构主义。到了20世纪90年代,建构主义产生了迅猛发展的势头,这是教学理论上的一场大革命。建构主义理论认为知识的获得不是教师直接传授的,而是学习者在一定的情境中,通过得到教师或同学的帮助和对资料的学习,以意义建构的方式而得到的。在建构主义教学理论的基础上出现了情境教学,它与建构主义教学的关系十分密切。在情境教学中,教

---

① 赞科夫.教学与发展[M].杜殿坤,等译.北京:人民教育出版社,1985.
② 皮亚杰.教育科学与儿童心理学[M].傅统先,译.北京:文化教育出版社.1981.

师以学生为根本出发点,把学生的认知规律当作标准,在教学中运用栩栩如生的实物形象、生动活泼的事物形象、绘声绘色的语言形象,使学生对学习材料能充分的感悟和理解,使自身对学习内容和学习过程的意义建构在主体参与中完成。

4.使学生积极的情感得到升华

在学习过程中,学生对学习的内容和其他方面的感悟都是由个人的情感来决定的,通过个人情感来体验的情绪化倾向较强。在通过建构学习阶段之后,学生一般会有体验成功的喜悦,心情变得愉悦、求知欲也得到了满足,虽然已经有了一定的进步,但此时学生仍然处于认识和情感的基层阶段。所以,此时的学生还需要教师的引导,以便达到更高的目标,使自己的认知、感悟和情感得到提升,这时学生才进入"理性升华"的信念形成阶段。

5.促进学生全面的发展

以生理学的研究为依据,可以表明人的大脑是由两个半球组成的,左半球控制人的抽象思维,右半球控制人的形象思维,只有在两个半球同时运作的情况下才能协调发展。在情境教学中,学生大脑的两个半球的功能都被调动了起来,都发挥了作用。一方面,由于教学情境生动形象,使得学生的情感得到了激发,大脑右半球变得兴奋,形象思维便产生了;另一方面,由于情境感知,大脑左半球变得兴奋,抽象思维就形成了。大脑两半球同时兴奋,学生的才智便得到了全面发展。

二、情境教学模式的操作

情境教学模式的操作主要包括四个阶段,即准备阶段、开始阶段、展开阶段和总结反馈阶段。通过这四个步骤来对情境教学模式的操作环节进行阐述,分析在这些基本环节中,怎样对教学要素、教学内容、教学方式、组织形式、评价方式等做出具体的系统谋划。

(一)准备阶段

1.选择恰当的情境教学内容

教学情境属于特殊环境的一种,它是经选择、创造而构建的一种"微环境"。教学情境的作用是可以使学生主动学习的意向得到激发,指引学生主动的构建,使学生积极情感得到升华,为了使这种作用充分发挥出来,教师对情境教学内容的选择必须恰当。

2. 选择恰当的情境和呈现方式

情境教学的内容选择完成后就要进行情境的创设,并把它以丰富多样的方式呈现出来,按呈现方式来分类,情境可以被分为生活情境、实物情境、视听情境、问题情境、思辨情境等。那么怎样把情境与呈现方式搭配起来呢? 主要有以下两个选择依据:学生的特点和教学的目标。一方面,情境创设要依据学生的生理年龄和心理发展的实际情况,选取的材料不仅有新鲜感和吸引力,同时还要有思想性和教育性,使中小学生容易接受;另一方面,情境的创设应该与教学目标紧密相关,为教学目标顺利实现提供帮助。

(二)开始阶段

1. 呈现典型情境材料

教师把教学目标和学生特点作为依据,使教学情境以多维度、全方位的方式展现。在进行课堂教学时,随着教学进程的推进,可以把情境与学生的生活经验联系起来展现,使学生对知识的理解进一步深入;在情境教学中运用实物来演示,可以使学生的实感体验有所增进;情境的再现以图像、照片的形式来表达,可以变抽象的教学内容为具体的形象;教学中穿插音乐,可以渲染气氛,使学生的听觉、视觉都调动起来,进入学习状态;问题情境的创设能使学生积极思考,独立探索;角色的扮演能使学生在故事情境中进行学习,使其学习欲望在其所想、所感中激发出来。

2. 引导学生观察和体验并提出问题

情境教学是以观察、体验为主的一种课堂教学活动,要想使教育效果达到理想状态,教师要对教学情境的“关键点”掌握到位,以教学情境和教材重点、难点的融合为主要目标,对学生的观察与体验加以引导。

(三)展开阶段

1. 学生结合体验对问题进行讨论和交流

情境教学实际上就是在情境学习中,以问题为依据,每个学生都有自己所要表达的观点,有新的认识,在学习中相互启发,一起探索答案,对知识本身所具有的意义能够领悟,并以此来解决现实生活中的问题。

2. 对于情景中的问题教师要给予及时的指导

教师是课堂教学的参与者、组织者和引导者,在学生结合体验对问题进行热烈的讨论和交流时,从策略的角度看,教师应该及时评价学生的发言,与学生互动,以学生讨论发言的状况为依据,对它们进行归纳分类,对学生的知识建构协助完成;同时也要发表自己的观点和看法,对其合理性或不合理性进行阐述,进行主流价值的引导,使学生的认识和价值判断得到升华。

(四)总结反馈阶段

1.学生对情景中的收获进行总结

课堂的总结在一节课中占有十分重要的作用,它一般是对整节课的基础知识、思想方法及情感、态度与价值观的概括,是本节课三维教学目标的体现,因此它是判断课堂教学是否有效的关键。在这个环节中,学生可以在教师的引导下全方面地回顾一下本课的典型情境材料,并站在知识与技能、过程与方法、情感态度与价值观三维的角度来对整节课的收获做总结。

2.教师对学生的收获进行评价

学生能够对自己的学习方式、认知方式、理解程度、思维过程开展自我认识和自我评价,是对他们主体意识有了很大发展的反映,教师应当保护和鼓励学生的这种主体性,为学生更加有效地参与课堂教学起到促进作用。所以,此阶段教师的点评主要是激励评价,促进学生在认知、情感、思维等方面的收获能在更广阔的领域内实现迁移,将课堂上的积极体验延伸到课堂之外。

三、情境教学模式的评价

情境教学模式的评价主要是以情境教学在认知、能力和情感三个方面目标达成的效果为标准的。

(一)学生的学习表现

情境教学的理论框架是以激发学生的情感为基础的,因此把学生的学习情感和表现作为情感教学模式评价的第一因素。一般对学生的学习情感和表现的评价从以下三个方面来判断,见表3-6。

表3-6　学生的学习表现评价表

学习表现要素	相应要素的行为表现
情感激发程度	学习劲头高涨,思维活跃 具有旺盛的好奇心和求知欲 能自主地投入课堂活动之中 心情愉快,活泼、开朗、自信 师生关系和谐融洽,充满民主的氛围
参与的深度	学习动机强烈,持久 参与学习活动的人数较多 参与学习活动的时间充分 能提出有意义的问题或能发表个人见解 能够倾听、协作、分享 有思维的碰撞和新知识的生成
个性发展的力度	体验到学习和成功的愉悦 有进一步学习的愿望 每个学生都有不同程度的收获 能灵活解决教学任务中的问题

(二)学生建构知识的能力

遵循学生的认知特点和认知规律并为发展他们建构知识的能力提供帮助是情境教学模式评价的第二个要素,一般从以下三个方面评价学生建构知识的能力,见表3-7。

表3-7　学生的建构知识能力评价表

建构知识能力要素	相应要素的行为表现
观察情境的能力	观察全面,细致 观察有序,条理清楚 能敏锐地发现情境中的重点 展开想象,自由地即兴表述

续表

建构知识能力要素	相应要素的行为表现
提出问题的能力	能发现问题,清晰问题的方向 问题有价值,适合自己研究 思维敏捷,表达问题清晰 听取他人的意见和建议 提出可能的解决方案 善于评价自己和他人的问题
分析和抽象的能力	理清思路,分清层次 抓住中心,区分主次 由表及里发现情境材料中的规律 有条理地运用学科语言 用准确的词语概括和表达自己的发现

(三)学生情感态度价值观的生成度

思想品德情境教学的最终目标是塑造学生正确的世界观、人生观和价值观,所以把学生情感态度价值观的生成度作为情境教学模式评价的第三个要素。一般从以下两个方面评价学生情感态度价值观的生成度,见表3-8。

表3-8　学生的情感态度价值观的生成度评价表

学习表现要素	相应要素的行为表现
情感态度生成度	愉悦的情绪,主动的学习 获得美的熏陶 有进一步学习的愿望 具备良好的学习习惯 对教师充满信任和热爱
价值观的生成度	具有自我反省、自我教育的能力 能够倾听、合作、分享 能够将课堂获得的价值观迁移到社会生活中

第三节 项目教学策略

项目教学也属于思想品德微观教学策略的研究对象。本节通过与思想品德学科特点相结合来对项目教学策略的运用做初步探讨,主要从思想品德项目教学的定义和基本目标、教学操作步骤、教学模式的评价等几方面来进行剖析。

一、项目教学定义和目标

(一)项目教学的定义

"项目教学"一词被正式应用在教育领域中的国家是美国。1918 年,教育学家 Kilpatrick 与他的同事 Richard 和杜威三人在哥伦比亚大学发表了《项目教学法:在教育过程中有目的的活动的应用》一文,这是项目和项目教学法第一次被明确提出来。Kilpatrick 认为项目是"发自内心的有目的的行动"。项目教学指的是把项目与教材中相关内容结合起来的教学。因此,项目教学的核心就是以学生的内在学习需求为基础的有目的的活动。

项目教学也叫专题研究、项目学习、基于项目的学习等。托马斯在《基于问题的学习》手册上把项目教学定义为:"项目教学是一种学习模式,它把和项目有关的学习资源进行整合来学习。项目的工作十分复杂,它是以学生学习的需要为基础,在过程中给予学生许多具有挑战性的议题或问题,使学生在有限的资源内去策划解决方案、寻找解决问题的方法、形成决策或调查的活动。"①而我国的学者认为,项目教学是一种系统的教学方式,它的主导者是教师,主体是学生,它以项目为媒介,以能力为目标,以社会为背景。

尽管我国学者对项目教学的阐述不同于外国学者,但是他们体现的理念都是"以项目为主线、以教师为主导、以学生为主体"。这种教学模式提供给学生适宜的、真实的学习情境,以学生发挥个人的才智和项目小组合作学习的方式,来研究任务式问题或项目。在探究过程中,学生可以主动构建自己的知识体系,加强综合能力的提升,使自己的人格得到完善、健全。

---

① 杨文明.高职项目教学理论与行动研究[M].北京:科学出版社,2008.

项目教学被引入思想品德学科教学,其主要目的是让学生以项目为组织形式,使学生的世界观、人生观和价值观经由这一系列活动的研究逐步完善。因此,对思想品德项目教学的定义是,教师把现实中的实际问题与教材中的内容结合起来作为项目研究,把学生组成学习共同体,并在教师指导下开展自主学习、自我探究、自我管理、自我调控、自我评价的过程。

思想品德项目教学要主要表现"在明确的生活主题之中引导正确的价值观,加强课内课外相结合的作用,对学生在实践的矛盾冲突中的积极探究和体验要予以鼓励,以道德践行来促进思想品德的形成与发展。"①具体地说就是,它要使以学生的终身发展能力为目标,以现实问题为载体,以教师为主导,以学生自主活动为主线。项目教学的基本构成要素和工作流程如图3-1。

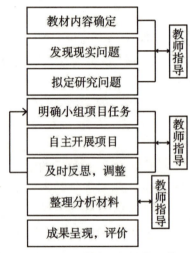

图3-1 项目教学一般结构示意图

(二)项目教学模式的基本目标

项目教学模式以培养学生具有社会责任感及终身发展的能力为主要目标。学生通过在现实生活中发现问题、解决问题的过程来实现学习的目的,它主要是从以下四个方面表现出来。

---

① 中华人民共和国教育部.思想品德课程标准[M].北京:北京师范大学出版社,2003.

1. 社会现实问题的解决

项目教学主要研究的是存在于社会生活中的现实问题。学生关心的问题主要是社会中的热点、难点问题,这些现实问题对于学生来说既是真实的,又与教材教学内容关系密切。比如,在初中的思想品德课中有一课为"人口、资源环境问题",在学习这一课时,师生可以对身边的资源、环境问题加以关注,以"学校能源教育"为项目教学。这个项目是为了教育学生要对身边的可再生资源和不可再生资源进行关注,以节约能源、保护环境为宗旨。这个项目的主题就是现实社会中的热点问题,对这一问题,要运用项目教学,教师通过怎样在学校、社区和家庭进行节能减排对学生进行问题引导。这个项目研究与学生的生活关系密切,可以调动学生内在的学习动机,使他们主动参与到教学中来。在项目教学实施期间,通过开展各种活动,学生可以对学校、社区和家庭中出现的能源浪费现象进行自主与协作性的探讨,并提出可行性措施。

由此可见,项目教学与传统的教学模式不同,它主要是学生通过对社会现实中问题的解决来达到学习的目的,从而掌握知识和提高能力。

2. 在为社区服务中培养社会责任感

我国教育家陶行知认为"教育要通过生活才能发出力量而成为真正的教育"。[①] 项目教学的内容要与生活实际贴近,对现实中存在的问题进行解决,要求学生进行一系列社会调查、观察、研究和分享成果等学习活动。比如,有的学生就漂浮在河里的塑料袋问题,在社区宣传展板上出了一期专栏为"白色污染的危害"的宣传,号召社区居民少用一次性塑料袋,尽量使用布袋子;还有的学生用废旧衣服、窗帘布等亲手制作了一些布袋子免费送给社区的居民。学生的行动对社区的影响很大。通过项目活动,学生不仅对课本知识有了掌握,而且对社区的环境问题也更加关注,在社区服务中,对服务社区、奉献社会的责任感也增强了。这种效果是一般课堂教学达不到的。

3. 在项目实施中发展自主学习能力

项目教学是一种理论与现实问题相结合的教学方法,它对于培养学生的自主学习能力十分有益。比如,在项目实施阶段一开始,学生以自愿原则组成学习小组。学习小组经过讨论来确定感兴趣的项目主题,各小组再提出项目的活动方案。在这个过程中,对于采用什么样的方式来呈现活动方案,可以由学生自己来决定,

---

① 方明.陶行知教育名篇[M].北京:教育科学出版社,2005.

活动方案中各种资源的获取方式、活动成果的展现形式也都是由学生自主决定的。因此,从项目主题的选择,材料搜集、整理和记录到制作产品,再到活动成果的展示方式是一个由学生自主决断的过程。学生在完成不同项目任务的过程中,对不同观点间的联系就会自主建立起来,不但分析问题、解决问题的能力得到了提高,自主学习能力也有了飞速发展。

4. 在完成项目的系列活动中锻炼学生的自我管理能力

自我管理对一个人来说是其终生发展过程中必要的一种能力。学生的心智从中学时代开始逐渐走向成熟,这是身心发展的一个关键时期,因此对中学生的自我管理能力的培养就显得十分重要。项目教学中的许多活动都是由学生自己设计、自己管理完成的。比如,学生自主建立合作小组,确定实施项目的步骤,对项目活动进行开展,由负责人主持全体会议,通知同学开会,邀请教师出席,等等。以项目主题为核心,小组成员分工合作,每人自我设计和管理,并负责完成自己的任务。学生们在完成项目的过程中,对自我管理的能力也得到了锻炼。

二、项目教学模式的操作步骤

根据项目教学模式的定义及一般流程特点,思想品德项目教学操作可以分为准备阶段、实施阶段和结项阶段。在研究这些基本步骤时,我们可以了解教师、学生、教材、社会生活之间的联系方式,项目教学的预设性与达成情况,以及策略的思想是怎样与教学内容、教学方式、教学资源、评价要素等方面来结合进行系统谋划的。

(一)项目准备阶段

在项目准备阶段中,教师要以策略联系的观点为主线,以学生和思想品德教材的特点为依据,对学习内容进行恰当的选择,确定项目主题,并对学生制定的项目活动方案进行指导。

1. 选择恰当的教材内容,寻找项目主题

项目教学主要是以社会生活中存在的现实问题为研究的主题,这些问题既是真实存在于现实社会中的,又是与思想品德教材内容紧密相关的。比如,思想品德教材中讲述的关于环境污染与环境保护问题、未成年人保护问题、节能减排问题、民族创新问题等,这些都是当今社会的热点、难点问题。以项目教学模式为依托让学生来学习会取得更好的效果。

引导学生关注思想品德教材内容和项目的相容性需要特别注意,即要以教学内容为依据来选择项目,项目的选择不仅需要与书本的知识联系紧密,还要有一定的活动空间。这样既能使学生已有的知识得到应用,又能发挥学生的创造性。学生通过调动已有的知识经验来解决现实中面临的问题,并提出创造性的建议。不能是为了做项目,使思想品德学科教学内容与项目结合的事例只有形式而没有实际效果,这是项目教学应该避免的。

2. 引导学生制定项目活动方案

从项目教学动态发展的方向来说,学生在组成协作学习小组后,就要根据项目任务开始制定活动方案,这个方案的制定要求具有科学性和可行性。因为学生对所进行的项目任务还不甚了解,所以,教师要对学生进行适当的引导和指导,这是项目教学预设发展中非常重要的一个环节。教师对项目活动方案可以进行简单提示,对各小组制定的项目活动方案进行引导;对项目是否合理、是否可行、是否新颖等问题,教师可以与学生共同探讨,教师还可提出修改意见,并让学生进行具体实施。

学生制定项目活动方案包括的主要内容是:

(1)项目主题的制定;

(2)项目要解决的任务需明确;

(3)小组成员如何分工;

(4)对任务完成的内外部条件进行分析;

(5)对项目流程及实施的时间进度进行周密计划;

(6)项目预期成果和方式的呈现。

(二)项目实施阶段

准备工作完成后,就要进入项目教学策略的具体实施阶段。在这一阶段,对学生的要求是根据项目本身的需要去做收集和记录材料的准备工作,教师的主要任务是对学生整理和分析活动材料进行指导,在学生遇到困难时及时帮助他们。

1. 学生收集和记录材料

学生主要从两个方面来收集材料:一方面是收集间接经验的材料,比如网络、书刊、音像等方面的素材;另一方面是收集现实生活中的材料,比如社会实践资源等。在此阶段,学生需要教师给予恰当的指导。比如,对网络素材方面的收集需要与项目主题相结合,在搜索引擎中通过查询关键词的办法来查找,收集到材料后一定要将其出处、作者、时间、形式等注明清楚,日后查询起来方便。对现实生活中的材料可以通过社会调查、访谈等形式来收集。还可以用笔录、录音机录音、相机摄像等形式来做记录。对于现实生活的社会实践材料收集，可以把学校、社区、企业、社会和家庭等作为收集对象。通过记录活动日志的方式对实施活动的各个步骤进行记录，方便活动结束时整理成果使用。

2. 教师指导学生整理和分析活动资料

项目实施过程中会有大量的素材被学生收集回来，但有些素材对完成项目本身并没有很大作用，这是由于受到学生的知识水平和年龄的限制，搜集来的大量材料都被学生认为是有用的，不能舍弃。所以，此时教师的任务是结合项目主题及拟定的项目目标来对学生整理、分析活动的资料进行指导。

在整理资料的过程中，教师首先让学生把收集的材料进行分类，以来源为依据，材料可以分为一手材料和二手材料；以材料的表现形式为依据，可以分为文本材料、图片材料、音像材料、实践材料。其次，在分类基础上，教师帮助学生对能实现项目主题及目标的相关材料进行选择。在选择的过程中，学生要对材料进行具体分析，还要把材料与项目目标联系起来进行分析，然后提出观点或结论，并以有形的具体数据、研究报告、小论文、作品等形式来展现结果。此外，在对资料进行分析整理阶段，教师对于学生面临的困难，要及时给予行动上的支持、心理上的疏导。针对不同能力的学生，教师要给出不同的建议。对于分析能力强的学生，教师给出建议的难度系数要高，以便得到更好的结果；对于分析能力差一些的学生，教师要亲自示范引导。

（三）项目结项阶段

在师生的互动中，项目教学不断地生成和发展着，学生在教师的指导下，进入对项目成果进行表达与交流、分享成果经验和使项目达成的评价阶段。这是微观教学策略诸要素相互作用、生成和发展变化的必然结果。项目结项阶段需要完成的任务主要有以下两个方面。

1. 学生形成项目成果的表达方式

项目教学模式的目的是把真实的学习情境提供给学生，学生通过"做中学"的探究过程来使自己的知识体系得以建构，使自己的能力得以提升，并对自己健全的人格进行培养。因此，学生对项目实施过程进行分析，并对所得出的结论进行概括的项目成果就是学生知识、能力和人格发展的具体体现。在此阶段，教师的任务是指导学生使用恰当的方式来表达他们项目的研究结果。表达的方式由成果的内容来确定，表达方式主要有六种，见表3-9。

表3-9　项目成果表达方式与内容

方式	适合表达的内容
调查报告	研究社区中某个实际问题,分析问题的原因,提出解决问题的可行性方案,提交给社区或学校
展览	设计并制作展示性作品,能够表达具体想法,有图片和文字资料支持,具有广泛教育性的内容可以是宣传展板、艺术作品、口头演讲、视频播放、学生组织的活动或表演等
文艺表演	和项目主题相关的文艺节目,趣味性、知识性强
倡议书	需要引起人们广泛关注的社会问题或社区问题,为其设计的解决方案
学习体会	在项目过程中获得的经验教训、收获
PPT	整个项目实施过程的记录,图文并茂,信息量大

2. 项目经验的分享

学生通过各自成果的展示,实现了分享、肯定和反馈,这是项目教学的精彩之处。因此,项目教学的最后阶段是将前面学生总结的东西以某种方式展示出来。学生在项目经验的分享中学会了交流和倾听、评价和建议、调整和改进等技能。同时,成果展示也使学生获得成功的体验,对学生自信心的增强有很大帮助。

对项目经验分享形式的依据主要是项目主题和学生完成的结果。项目经验分享的主要形式有九种,见表3-10。

表3-10　项目经验分享形式与相应内容

形式	相应的内容
项目经验交流会	各小组在项目实施过程中总结出的独到的、新颖的经验,成功或失败的都可,大家分享借鉴
学生成果汇报会	阶段性成果和最终成果,由学生选择汇报方式
社区座谈会	社区的重大问题,了解社区居民意见或建议

续表

形式	相应的内容
板报宣传	展示性作品,向学校其他学生展示项目成果
社区橱窗宣传	展示性作品,向社区居民展示项目成果,提出倡议
校园广播	与项目主题相关的一系列知识与成果宣传
校园网站	项目活动的学科教学网站,宣传推广
校报	学生活动的照片、活动成果、学习体会等
博客	记录项目活动的整个过程和参与者的想法等

不管是哪种形式,项目经验的分享应当对进一步体现和检验项目教学要达到的目标有帮助,使学生在解决社会现实问题中实现学习目标、在社区服务中培养社会责任感、在项目实施中的自主学习能力得到提升、在完成项目的系列活动中的自我管理能力得到锻炼。

三、项目教学模式的评价

项目教学模式评价指的是以思想品德教学策略联系、动态发展的观点为依据,针对项目教学模式对项目预设的教学活动目标的完成情况,在整个项目的进程中学生对知、情、意、行是否实现了有机统一,微观教学策略的要素是否相互作用、生成和发展进行评价。这些方面的评价是通过以下四个方面达到的效果来判断的。

(一)理论联系实际的能力

思想品德项目教学模式重点评价的内容是理论与实际联系的能力,主要从三个方面来衡量,包括学生发现问题的能力、自主学习的能力、解决问题的能力。

1. 发现问题的能力

思想品德项目教学模式是一种与生活中现实问题相联系、与教材的相应内容相结合的以学生为主体的学习模式。因此,项目教学要让学生把理论与实际联系起来。一般可以从以下几个方面来进行评价,见表3-11。

表3-11　学生发现问题能力评价表

质疑的问题层次	问题的表现
什么问题	具体现象质疑
问题现象分为几种情况	发散性分析质疑
问题现象发生的条件是什么	寻找原因性质疑
问题现象中有什么规律	寻找问题本质性质疑
问题解决的途径有哪些	提出解决问题方案性质疑

2. 自主学习的能力

选择项目主题、组建学习小组、制订活动方案、管理项目实施过程、展示项目活动成果的内容及形式等都是学生自主参与、自主决断的,项目教学属于真正意义上的自主学习。体现学生的自主学习能力一般从以下几方面来表现,见表3-12。

表3-12　学生自主学习能力评价表

自主学习要素	相应要素的行为表现
目标自我确定	明确研究目标并具体细化目标
学习方法自我选择	选择适合项目的有效方法
学习过程自我调控	学习策略的调节,学习环境的决定,学习时间的管理,学习资料的分析,学习内容的取舍,学习资源的选择
学习结果自我反馈	反思学习结果,确定新的目标
自主学习改进	根据学习结果调整学习计划

3. 解决问题的能力

项目教学为的是使学生的学习在解决社会现实问题中得以实现。所以,学生对已有知识与技能的运用,对实际问题解决的能力,是项目教学理论是否与实际能力联系的重要评价点之一。一般学生解决问题的能力主要体现在以下五个方面,见表3-13。

表3-13　学生解决问题能力评价表

解决问题能力要素	相应要素的行为表现
发现和界定问题	清晰问题的方向
提出备选方案	提出多个方案评估和权衡其利弊
选择解决方案	应因时、因地、因事、因人而异
制订具体的行动计划	详细的行动步骤
执行和评估	根据评估结果及时修订计划,再继续执行

(二)为社区服务的意识

学生的公民责任感和服务态度可以由学生的社区服务意识所体现。因此评价从以下两个方面来进行。

1.公民责任感

项目教学通常以解决社区发展中问题为依托,其中包括走进社区观察和提出改变社区问题的活动,这些活动作为进行道德教育的载体,会潜移默化地提升学生作为社会公民的责任意识和责任心。一般从以下五个方面评价学生的公民责任感,见表3-14。

表3-14　学生的公民责任感评价表

公民责任感要素	相应要素的行为表现
对自己义务的知觉	个人感觉对他人、对社会的关怀和义务
社会负责的意识	勇于承担自己所扮演社会角色的职责
明辨是非	坚持道德上正确的主张或真理
社会参与的意识	积极参与社区实践活动
亲社会行为的呈现	关爱他人、关注社会,懂得合作、分享、感恩,懂得与自然和谐相处等

2. 服务的态度

项目教学中学生进行的社区实践活动要求学生的服务态度要良好,针对不同的服务对象,为社区提供服务。一般对学生的服务态度从以下五个方面来评价,见表3-15。

表3-15 学生社区服务态度评价表

服务态度要素	相应要素的行为表现
对服务知识的认知	适当方式运用服务知识
使用的语言	亲切体贴、得体的语言运用
与人沟通	积极主动、有礼貌
面部表情	面带微笑询问
对调查对象的质疑	耐心细致、友好解答

(三)学科知识的学习状况

思想品德项目教学策略强调思想品德学科教学内容要与现实中的实际问题相结合。因此,对学生的学科知识学习的考查是项目教学不可缺少的部分。学科知识学习的考查主要包括对知识的掌握、能否融会贯通地运用知识和知识面的扩展三个方面。

1. 知识的掌握

项目教学使学生通过实践获得了知识,并使学生对教材知识的认识和掌握更加深刻。因此,对学生知识掌握程度的检查是评价项目教学实现学科知识学习的第一点。一般评价学生对知识的掌握程度从以下三个方面来讲,见表3-16。

表3-16 学生知识掌握程度评价表

知识掌握要素	相应要素的行为表现
核心概念与原理再现	能识别相应的核心概念与基本原理
教材知识与实际连接问题	能自如回答问题
实践性知识	理论联系实际分析解决问题

2. 融会贯通地运用知识

项目教学是一种开放性教学方式,学生不仅要掌握与主题相关的知识,还要掌握运用这些知识的方法。融会贯通地运用知识是评价学生项目教学中学科知识学习的第二点。由于不同的项目主题,运用知识的角度也不同。一般包括以下四个方面,见表3-17。

表3-17　学生知识运用程度评价表

知识运用要素	相应要素的行为表现
教材观点与原理运用的高效性	熟练运用基本原理,观点
相关技能知识运用的质量	使用网络等收集分析整理资料
实践性知识运用的有效性	充分运用问卷调查、社区访谈等
跨学科知识运用的交互性	联系运用相关学科知识解决问题

3. 知识面的扩展

项目教学内容是课堂教学中的一部分。学生在对教材相关知识和跨学科知识解决实际问题的运用过程中,不再局限于教材,他们走进社区,走入社会,探索于网络世界中,不但扩展了知识面,还发展了技能。因此,知识面的扩展是评价学生项目教学中学科知识学习的第三点。一般包括以下四个方面,见表3-18。

表3-18　学生知识面扩展程度评价表

知识面扩展要素	相应要素的行为表现
从材料中发现重点	能找出材料间关系,确定解决问题关键
善于组合不同材料	把相关材料组合进行再创造
敢于质疑教材	小组合作发现问题,提出新创意
与不同人员沟通	社会交往礼仪知识的学习

(四)自我管理能力

项目教学中对自我管理能力的评价是从两个方面来考量的,包括学生个人任务和时间的管理能力、小组任务和时间的管理能力。

1. 个人任务和时间的管理能力

项目教学中学生被分成若干个学习小组,每个小组以项目主题为核心,在小组内部进行分工合作,然后每人再自我设计和管理完成需要自己负责的任务。因此,个人任务和时间管理能力是评价学生项目教学中自我管理能力的第一点。一般包括以下五方面,见表3-19。

表3-19 学生个人任务和时间管理评价表

个人任务和时间管理要素	相应要素的行为表现
目标选择	设定符合项目主题的合适目标
行动计划	完善可行的行动计划
工作态度	按时完成所负责事项
沟通策略	有效与他人沟通、合作
时间管理	有效地分配、利用时间

2. 小组任务和时间的管理能力

项目教学中大部分活动是在学生自己设计、自己管理中完成的。比如,合作小组的成立,实施项目步骤的制定,项目活动的开展,负责人主持全体会议,通知同学开会,邀请教师出席等。学生们在完成项目的过程中,自我管理的能力也得到了锻炼。因此,小组任务和时间管理能力是评价学生项目教学中自我管理能力的第二点。一般包括以下五个方面,见表3-20。

表3-20 小组任务和时间管理评价表

小组任务和时间管理要素	相应要素的行为表现
监控小组进度	定期对小组任务进行监控评价
设定合适、符合现实的目标	围绕项目主题设定合适的具体目标
制订小组工作计划	计划的内容合理,步骤清晰可行
对使用的材料控制	收集、甄选材料,对材料信度效度评估
有效地分配时间	时间使用效率高,合理分配

第四章　中小学思想品德探究式教学策略

探究式教学是学生在探究问题的过程中以自主学习、获得知识、应用知识、解决问题为立足点的一种教学观。它对学生的创新意识、创新能力和实践能力的提高都有很大帮助,它既符合我国新时期对人才培养的要求,也符合人才全面发展的要求。

在思想品德学科教学实践中开展探究式教学,有利于提高教学质量,增强教学有效性,同时对促进学生的全面发展的作用也很大。

第一节　中小学思想品德探究式教学概述

一、探究式教学的内涵及特点

(一)探究式教学的内涵

我国《汉语大词典》中对探究的含义是这样解释的:探究是"探索研究",即努力寻找答案、解决问题。《辞海》(1989年版)对探究的解释是:探究是指深入探讨,反复研究。《牛津英语词典》对探究的解释则是:探究(inquiry)是指求索知识、信息,特别求真的活动;是搜寻、研究、调查、检验的活动;是提问和质疑的活动。所以"探究"的意思除了指发现问题、提出问题这些基础性的活动,更主要的是要深入地研究事物,把事物深层次的东西发掘出来,以及找出事物之间更深层的联系。

国外对于"探究式教学"的研究历史已经很长了。杜威是提出在学校科学教育中使用探究方法的第一人。杜威认为,科学教育是学生除了学习大量的知识外,更重要的是要把科学研究的过程或方法学会,要想使个体获得真知,只有在活动中主动去体验、尝试、改造,也就是说必须去"做"才行,因为经验的获得都是通过"做"来实现的。后来萨奇曼、加涅等人又对探究式的教学理论加以丰富。美国教育家兰·本达还在自然科学的基础上创设了"探究—研讨"的教学法。在 20 世纪50 年代,美国芝加哥大学的施瓦布教授在"教育现代化运动"中提出,如果使学生的学习方法科学,最好的方法就是要在探究的过程中去学习,科学知识不能被当作绝对的真理教给学生,它只能是有证据的结论。教学内容应当使学科特有的探究方法体现出来,例如如何解决问题、探究叙事等。教师在教授知识时应当用探究的方法,学生也应当以探究活动的形式来展开学习,即先进行探究活动,再学习科学概念原理,最后以自己的探究为依据进行科学的解释。也就是说,在教学过程中,学生要把自己当成"科学家",主动地去发现问题、解决问题,以此来使自己的知识得到增进、能力得到培养、技能得到提升,在科学方法、科学精神、价值观等方面的影响下展示自己的个性。"探究教学"一词最早是在 1961 年,由施瓦布教授首先使用的。后来,人们广泛而深入地研究探究教学,它被认为是一种较好的培养学生创新精神的教学方式。美国国家研究理事会对探究式教学的解释为:探究式教学即以探究为主的教学,探究是学科教学的中心环节。英国著名教育家安德森认为,探究式教学的本质是"教师不是直接给学生讲述构成教学目标的有关概念或认知策略,而是通过对一种智力和社会交往环境的创造,让学生在探索中发现学科内容要素或认知策略"的一种教学方法。①

我国北京的左秀兰从 1971 年开始对"小学数学探究教学"进行研究。她对国外研究的成果加以借鉴,并与我国当时的教育现象相结合,较早提出了探究式教学。2001 年靳玉乐教授提出:"探究式教学从本质上说是一种模拟性的科学研究活动,它由两个相互联系的方面组成,一方面是以'学'为中心的探究学习环境;另一方面是帮助和指导学生,以便使学生经过探究后能成功地发现科学概念和原理。"②张崇善认为,"所谓探究式教学就是以探究为主的教学。探究式教学也被称为发现法、研究法,它是指学生在学习概念和原理时,只给他们一些事例和问题,学生需要通过自己的观察、思考、讨论等途径去探究,并独立总结概念的一种方法。它的主导思想是以学生为主体,教师起指导作用,学生积极地探索,掌握解决问题的方法,对客观事物的本质属性进行研究,发现事物发展的起因和事物内部的联

①　张景钦.初中思想品德课探究式课堂教学研究[D].福州:福建师范大学,2009:5
②　靳玉乐.探究教学论[M].重庆:西南师范大学出版社,2001.

系,然后总结规律,形成自己的概念"。① 徐学福和宋乃庆认为,"探究式教学是指在教师的指导下,学生以像科学研究那样的方式去获取知识的一种教学形式"。② 宋乃庆等认为,探究式教学"在本质上是一种模拟性的科学研究活动。具体表现在两个方面:一是探究性学,二是探究性教"。③

上述是学者们通过不同的角度界定了探究式教学的内涵,笔者认为探究式教学,主要指的是在教师的引导和启发下,把学生独立自主学习和合作讨论作为前提,以现行教材为基础探讨的内容,以学生周围的世界和生活实际为参照对象,为学生提供可以充分自由表达、探究、质疑及讨论问题的机会,让学生通过个人、小组或者集体的解难、释疑及答辩等多种活动,将自己所学到的知识运用到解决实际问题当中的一种教学活动。

(二)探究式教学的特点

在传统的教学方式中,教师是教学的中心,教材是教师讲解的中心,应试是教学价值的中心。在这种教学方式中,课堂就是教师的独角戏舞台,教师是课堂的主宰者,学生的主体作用完全被忽视了;学生成了观看演出的观众,完全失去了主动性,他们对知识死记硬背、生搬硬套,没有主动思考、主动学习的意识,成了被动接受知识的机器。这种教学方式根本无法培养出具有创新意识和创新能力的人才。而在探究式教学模式中,学生占有中心位置,它是以人为本的思想的体现,它的目标是实现学生全面自由发展和终身发展。探究式教学的特征有以下几个方面。

1.问题性

探究不能脱离问题,在有效发现问题的过程中和有效解决问题的过程中都需要探究。因此,探究式教学的核心是问题,它最大的特征是使学生真正有疑而释。爱因斯坦认为,通过对科学活动过程的研究来看,提出问题的重要性要高于解决问题,因为也许只需要一个实验上的技能就能解决一个问题,而对新问题、新可能性的提出,从新的角度去看待一个旧问题都需要有创造性的想象力,同时这也是科学真正进步的表现。在探究式教学中,把问题的出现作为起点,把问题的解决作为终点,没有问题就不属于探究式教学。学生只有提出问题并通过学习来解决问题,才能使教学目标得以完成。探究式教学是让学生通过对各种各样的探究活动(比如

---

① 张崇善.探究式:课堂教学改革之理想选择[J].教育实践与研究,2004(8).
② 徐学福,宋乃庆.20世纪探究式教学理论的发展及启示[J].西南师范大学学报,2001(4).
③ 宋乃庆,徐仲林,靳玉乐.中国基础教育新课程的理念与创新[M].北京:中国人事出版社,2002.

观察、调查、制作、搜集资料等)的参与,然后获得结论。学生在对问题的解决过程中,能够对认知结构有新的建构,获得新的感悟和理解,并使科学探究的能力得以提升,在对客观事实了解和研究的基础上,总结出规律。尤为重要的是,在探究的过程中,学生可以使自己已有的知识储备被调动起来,努力发现问题,积极解决问题,最终使综合能力得以提高。

2. 自主性

自主性是探究式教学的主要标志。在探究式教学中,自主性指的是学生的自主性,是学生由被动的知识灌输对象转变成知识的主动构建者。在教师的指导下,学生通过富有创造性的、自身能动的学习方式,主动地去学习如何构建知识,从而使自主性发展得以实现。与传统教学模式不一样,探究式教学模式主要强调的是学生的主体地位,在课堂上要以学生为主体,学生从被动的接受者转为自主的学习者,他们在探究问题、发现问题和解决问题时都具有一定的自主性,在整个教学过程中都全程参与。学生以自身的学习生活和社会生活经验为基础,在教师指导下,以教学要求为核心,自主地制定目标,自主地选择合作伙伴。学生在自身和团队的努力下,把科学的过程和方法制定出来,采取各种手段对信息资料进行搜集,最终使预定目标得以实现。通过这种方式,学生才能充分发挥出自己的个性和创造性,学生的主体地位才能得以实现。而教师在探究式教学中的身份是指导者,也是参与者和合作者。教师首先要肯定学生的主体地位,对每一个学生的个性发展都要注重,要以学生的需要、动机和兴趣为主要核心,然后对学生的自主地位表示尊重,促使学生的主观能动性发挥出来,调动学生思维,对学生积极自主地探究问题、解决问题要适时鼓励,这样不仅可以使学生收获知识,还可以使他们有更加深刻的感受。

3. 开放性

在探究式教学中,不仅教学环境、教学内容、教学手段、教学方法、教学评价具有开放性,而且学生学习的材料、过程、途径、学习的结果也具有开放性。也就是说探究式教学不同于常规课堂教学那样对每节课的学习时间、学习场所、学习内容都有限制,它是属于开放式的。作为开放式教学的探究式教学,针对的是每一个学生个性的发展。就探究的内容而言,其核心是教材,但是它不局限于教材;其指导者是教师,但是它不受教师视野的限制,根据教学内容的需要,教师选择的探究内容必须是与学生的生活实际相联系,与社会生活相联系的热点、焦点问题。在探究过程中,教师要给予学生足够多的时间去思考、想象和发表意见,对学生的探索不能轻易否定,对学生质疑问题的欲望不能忽视,对学生的思维不能用"标准答案"去限制,要鼓励学生给出多元化、创造性的答案。在课堂教学中,要选择灵活多样的教学方法,比如案例法、比较法、讨论法、活动法等,对学生的自主实践也要加以引导。传统教学模式的教学评价方式就是单一的"一卷定终身"的知识评价标准,而探究式的教学评价方式是多元的,它更多的是对学生行为习惯的养成、能力的提升和思想情感升华的关注进行评价。开展探究式教学活动,可以激发学生的发散性思维、求异思维和批判性思维,使学生对社会现象的认知能力及解决实际问题的实践能力得到提高,对学生的全面发展也具有促进作用。

4. 探究性

探究式课堂教学的主要目的是提高学生的探究能力,展现学生的创造精神和实践能力。探究式教学给学生提供了主动探究、自主参与的机会,也为教师和学生共同合作并探求新知识提供了广阔的空间。与传统的教学方式相比,学生由被动地接受、机械式记忆教师所传授的知识转变成在教师的组织和引导下,通过对研究方法的运用,对研究程序的实施,在教师所营造的民主、自由、活跃的教学探究氛围中展开研究,有意识地发现问题、提出问题、努力思考、大胆探索,对问题的新看法、新思路和解决问题的新方法都勇于表达出来,并努力获取结论的一种自主学习的过程。整个学习过程,都是以探究为中心,并在分析研究中理解知识、构建知识,发展学生的探究能力和创新能力。

5. 互动性

探究式教学是一个动态课堂,它是师生间的双向互动,使教师的主导地位和学生的主体地位都得到了体现。只有产生互动,才属于真正意义上的教学,探究式教学的互动与机械的互动和肤浅的信息交流不同,它把教学过程看成一个动态发展的过程。教学过程中的师生关系和相互作用的条件由教师来调节,师生之间和谐的相互配合和相互作用,使人与环境的相互影响作用得到加强,进而产生共鸣,从而增加学生的学习兴趣。具体来说,就是在教学过程中,重视教师的指导,重视生生间、师生间的协商、对话和交流合作,通过合作、交流和探讨,师生之间、生生之间彼此相互尊重、相互激发思维和交流情感,达到精神互补和教学相长,促使相互之间的知识得以不断更新,能力不断得到提升。

6. 实践性

在传统教学模式中,课堂的主体是教师,教师经常告诉学生怎样把题解答出来,要求学生怎样把某件事做好,所以学生不能去亲自实践感悟,难以对知识理解掌握,对为人处世的道理也知之甚少,因此就出现了"教而不知,知而不为"的现象。而探究式教学强调的是学生的自主探究活动,学生学习时要以亲身参与和亲身体验为基础,使学生在学习的同时体会实践,在实践中争取创新,将所学知识与社会、生产、生活实际联系起来。探究式教学是以学生的主体实践活动为主线展开的。教师以组织设计、创设情境、提供社会实践的机会等形式,使学生深入现实生产生活中,开展丰富多样的实践活动,如观察、调查、访问等。在实践活动中,在理想与现实、主观与客观的种种矛盾中,学生对于发现问题、探究问题具有积极主动的态度,对于解决问题的途径与方法积极寻找,并体验在活动中的真实情感。探究式教学对每一个学生的发展都十分重视,给予每一个学生在做中学、在学中做的机会,保证每一个学生在做中有所感、有所知、有所得,为每一个学生能在学中有所创新和有所作为提供条件。

7.创新性

探究就是寻求新的东西,探究本身的含义中就包括创新。探究被创新赋予活力和诱惑力。这种活力和诱惑力对于学生充分调动自己的积极性和主动性具有促进作用,使他们把自己的热情、毅力、时间、情感及一切潜在能量最大限度地投入其中。探究问题具有选择性、探究的过程是多样的、资源的使用也具有开放性和自主性,这些都给学生提供了发挥潜能的空间,为学生个性和创造性的发挥设置了适宜的平台。只有具有创新的教育才是真正意义上的教育,因为"教育的目标是诱导出人的创造力量,唤醒生命感、价值感,而不是把已有的东西传授给别人"。① 而且人与动物的区别就在于"人是在不断创造活动,并通过创造活动来使自己完善"。② 探究式教学的创新性既是探究的出发点,又是探究的落脚点。

二、思想品德学科实施探究式教学的必要性

在思想品德学科教学过程中,教师采用科学探究的方法进行的一种教学活动的方式就是思想品德学科探究式教学。具体地说,就是在思想品德学科教学中,教师依据教材和新课程标准,以学生的心理、生理和年龄特征为参考,根据学生已有的认知规律和发展水平,把问题作为核心,围绕问题创设情境,给予学生充分自由表达、质疑、探究、讨论问题的机会,通过小组和集体的交流和合作,让学生学会自

---

① 邹进. 现代德国文化教育学[M]. 太原:山西教育出版社,1992.
② 联合国教科文组织国际教育发展委员会. 学会生存:教育世界的今天和明天[M]. 北京:职工教育出版社,1999.

主筛选信息,将所学到的理论知识用于分析解决社会生活中的问题,使学生提出问题、分析问题和解决问题的能力得以提高。在这个过程中,教师扮演的角色是指导者,而学生则是整个探究式教学过程的主体,与教师产生互动。探究式教学在思想品德学科教学中的运用具有重要的意义。

(一)推进素质教育的客观要求

2001年6月,由国家教育部颁布实施了《国家基础教育课程改革指导纲要》。该纲要重点要求提高国民素质、培养学生的创新精神与实践能力,推动我国素质教育的发展进入一个新的阶段。人生观和世界观的形成阶段是中小学阶段,因而对学生进行素质教育是非常重要的。素质教育除了思想品德素质教育外,还包括科学文化素质、身体素质、劳动素质等方面的教育。其中,素质教育的核心是思想品德教育,它对学生素质的形成和发展方向起着决定作用。而思想品德教育主要是通过思想品德学科来实现的,因此对思想品德学科教师的要求是,在授课过程中要把思想性与知识性融为一体,既要传播知识,还要把国家在思想品德素质方面的基本要求和我国社会意识形态的主流思想体现出来。学习思想品德学科,主要是培养学生在思想品德素质、哲学涵养、道德观念、法律意识、经济头脑、国家观念等方面的综合素养。在对素质教育推进的过程中,改革意识和创新意识必不可少,必须改变传统的教学模式,积极探索并构建新的教学模式,使思想品德学科德育的实效性得到增强。

思想品德学科探究式教学就是要使教师在课堂的主导作用与学生在课堂的主体地位有机地结合起来。教师既能把学生的积极性调动起来,把学生的学习兴趣吸引过来,还能使学生在学习中提出问题、在探究中解决问题,并对学生的正确思考和探索进行引导,让学生体验到探究的成功和进步的喜悦,使学生逐步认识自我,建立信心,不断反思和自我调控;教师既要对学生的学习情感加以关注,提供给学生独立自主学习、合作讨论、互相交流的机会和充分展现自我的空间,鼓励学生独立思考、大胆质疑、勇抒己见,使学生养成不断追问和探究的学习习惯,又要对学生在不断的探究中学会学习和掌握科学的探究方法进行引导,使他们逐渐形成创新能力和实践能力,从而为学生终身学习和不断发展奠定良好的基础。可见,思想品德学科探究式教学与素质教育的改革需要是相适应的。

(二)践行新课程改革理念的内在需要

实施新课改以后,人们对于"以学生发展为本"的基本理念已经普遍接受,认为要把过去学生被动接受学习的现象消除,对学生要提出独立思考的要求,对学生主动学习的精神和创新精神要予以鼓励。《普通高中思想政治课程标准(2017年版)》明确指出:"高中思想政治课程紧密结合社会实践,讲授马克思主义基本原理,特别是马克思主义中国化最新成果,引导学生经历自主思考、合作探究的学习过程,理解中国特色社会主义进入新时代的历史方位,了解新时代中国特色社会主义经济、政治、文化、社会、生态文明建设和党的建设进程,培育政治认同、科学精神、法治意识和公共参与等核心素养,逐步树立共产主义远大理想和中国特色社会主义共同理想,坚定中国特色社会主义道路自信、理论自信、制度自信、文化自信,基本形成正确的世界观、人生观、价值观。"[1]

由此我们可以看出,探究式教学是新课程改革目标实现的有效载体,对于课程内容的选择,要与学生实际的生活贴近,使教学内容与社会生活紧密联系起来。因此,探究式教学在思想品德学科中的应用不仅是新课程改革理念的内在要求,也是对新课程改革理念实行的重要途径。广大思想品德教师应该对探究式教学的重大意义深刻领悟,转变过去传统的教学观念和教学行为,把探究式教学真正运用到思想品德课堂中去,在对思想品德学科课程目标完成的同时,也能使课程改革对人才培养的目标得以实现。

(三)实现思想品德学科教学目标的需要

思想品德学科是一门德育性质的课程,是学校德育教育的主要方式。思想品德学科教学目标包括总目标和分类目标。在分类目标中,必须对知识目标、能力目标和情感态度价值观目标有明确要求。传统的教学模式中,常常以教师为中心,教师对学生是灌输式教法。思想品德学科教材与其他学科不同,有些知识只需老师讲授就能使学生理解,但有些知识仅靠教师的讲解并不能使学生很好地理解和掌握。比如高中思想政治经济学部分,因为一些理论对于学生来说很陌生,如果教师只是对着教材讲授,学生对于这部分知识只是死记硬背,是不能对知识内容有具体深入的理解的。此时教师应以创设情境为主,把学生学习的积极性调动起来,使他们对学习经济感兴趣,这样学生才能把思想品德基础知识掌握牢固,培养他们自主学习的能力和合作精神,使他们发现问题、分析问题、解决问题的能力得到提升。

探究式教学提倡学生亲身体验、自主参与,这样对于思想品德学科知识目标、

---

① 中华人民共和国教育部.普通高中思想政治课程标准(2017年版)〔M〕.北京:人民教育出版社,2018.

能力目标和情感态度价值观目标的实现都十分有利,使学生内化与外化的统一得以实现。思想品德学科内容具有社会性、现实性和开放性,并且与学生的实际生活、国家政策、国际热点有密切联系,这些都是学生可以感知和体验的。所以,思想品德学科非常适合开展探究式教学,在这个小课堂中可以了解大社会,可以把一个概念、一个观点引申到社会大环境中去,探究的空间非常广阔。

(四)适应中学生心理发展的要求

到了中学阶段,学生们认知结构的核心成分——思维能力已经成熟,他们理论思维的转化基本上已经完成,具有优势地位的是抽象逻辑思维,发展空间较大的是辩证思维和创造思维。中学生在认知活动的自觉性方面有所增强,他们的观察力、有意识记忆能力、有意想象能力都得到了迅速的发展,具有更明确的思维目的性和方向性,在认知系统中,明显增强了自我评价和自我控制能力。进入中学后,学生们思维的流畅性和灵活性有了很大发展。他们在思考问题时能运用多种方法从不同方面去考虑,解决新问题时也能运用多种法则、公式和原理,具有更加灵活的思维过程;他们能进行创造性地学习,不断增强独立分析问题、解决问题的能力。

从影响中学生创造性思维发展的因素方面来讲,中学生创造力发展的内在动机是强烈的求知欲望和浓厚的学习兴趣,学生的这些要求探究式教学都是可以满足的。探究式教学将中学思想品德学科教学与中学生的特点相结合,开创出一种独特的教学方式。它建立的师生关系是平等、民主的,在这个前提下,落实好学生的主体地位、师生间良好的交流互动对于充分发挥学生的积极性具有重要意义;它提倡学生以亲身实践的方式来学习,把学习的目的和行动结合起来,这样不仅能获得知识,还能获得科学探究能力,为以后学习打下坚实基础;探究的过程不仅是对思想品德学科知识的运用,还要把数学、物理等多个学科的知识综合起来,这样问题才能被完善解决。探究活动不仅可以检验学生对本门知识的掌握情况,还是对其他学科知识的检验,这样,学生的知识量能在较短的时间内大大地增加。因此,采用探究式教学不仅与中学生的心理特点相符合,对于培养中学生的创新意识和创新能力还提供了强大的推动力。

第二节　中小学思想品德探究式教学的基本要求

一、中小学思想品德探究式教学对教师的要求

(一)转变教学观念,提升探究式教学品质

在进行思想品德学科新课程教学时,要想把教师作为探究式教学的组织者、引导者、合作者和促进者的作用充分发挥出来,就必须转变教学观念,把探究式教学的品质提升起来。

1.树立以学生为本的理念,注意培养学生的探究意识

在思想品德学科课堂中要实施探究式教学,必须改变传统的"教师中心""教师权威"的观念,树立以学生为主体的意识,对于学生是受教育者而不是被动地接受教育者要有清楚的认识。学生作为学习的主体具有主观能动性,他们具有非常大的潜力。最重要的是,思想品德教师才能要清楚地认识到自己在教学中起的是"导"(指导、启发、诱导、疏导等)而非"教"的作用,教师要作为新课程的参与者、创造者、合作者和评价者的身份参与教学。

因此,教师要以学生现实的生活经验为基础,对学生的情感体验要尊重,对学生的发展需求要满足,对学生的探究意识和创新思维要注重培养。在进行教学时,学生如果出现拘泥于书本、迷信权威、墨守成规的现象,教师应当及时引导,让他们以已有的知识为基础并结合学习的实践,在学习中勇于探究,善于探究,对自己的新思想、新问题、新设计和新方法都要积极提出来,教师还要提供给学生动脑、动手、动口的时间和空间,营造和谐、活跃的课堂气氛,让学生成为学习的主人。

2.树立开拓创新的理念,培养学生掌握探究方法

把学习者的创造潜能挖掘出来是教育的真正目的,而探究就能达到这种目的。它是一种培养学生创新精神和创新能力的有效方式。因此,在探究的教学过程中,教师对于探究式教学的规律要努力探索,对学生的灵感、聪明才智、自我批判和努力创新精神要细心引导,让学生在探究式学习中真正得到发展和有所收获。同时,探究式教学策略也会在实践中被创造出来。但是,对于思想品德课的教学实践活动也会被很多教师排斥,这是因为他们受传统思想的影响,认为探究式教学不仅浪

费时间,还对学生的考试成绩有影响。其实,有的教师之所以会有这种想法,不是探究本身的问题,而是因为这些教师不会有效使用探究的方法,做的探究无实际意义。要想使探究式教学的课堂提高有效性,教师首先要把探究式教学的规律总结研究出来,这样更好的探究方法才会被发掘出来。

在这项工作的初始阶段,需要投入的时间会比较长,但是这种探究式的学习方法被学生掌握了之后,就会使他们主动获取知识的学习方式得以形成,养成主动、自觉学习的良好习惯,自主学习能力将不断提升。

3.树立终身学习的理念,不断提高自身的探究能力

思想品德学科的探究式教学从根本上转变了教师的角色,使教师由传统教学中的"中心"转变为学生学习的组织者、参与者、帮助者、引导者、促进者、设计者和合作者,并且在教学方式中也变成了研究者、开发者和决策者。教师角色地位的改变,对教师的探究能力提出了更高的要求:第一,对专业知识的培训和进修要加强,对自身的知识结构要优化。要通过培训、进修等多种渠道、多种方式把教师的素养提升上去。第二,对于"学习型教研组""学习型备课组"要积极构建,不仅要对理论加强学习,还要使教育理念更新。在当今的教学环境下,教师探究新课程教材有多种方式,主要以集中学习、自学、互学及培训等形式开展,教师对自身专业素养和业务能力要注重提高,对于社会新问题和理论新发展,教师们要相互合作、交流信息,正确引导学生。第三,对于课题研究活动要积极参与,以便使自己的探究能力不断提高。

思想品德学科的教学内容与社会生活是分不开的,所以教师加强科学研究是必要的,特别是对学科教学中的小课题研究,对自身的研究能力不断提升具有很大帮助。

(二)丰富拓展探究资源,注重本土资源的利用

《普通高中思想政治课程标准(2017年版)》指出,"本课程力求构建学科逻辑与实践逻辑、理论知识与生活关切相结合的活动型学科课程。学科内容采取思维活动和社会实践活动等方式呈现,即通过一系列活动及其结构化设计,实现'课程内容活动化''活动内容课程化'。"①新课标还指出,教师要在课程资源的开发和利用上发挥主导作用,要依据实际情况选择和利用课程资源,使开发具有特色。以

---

① 中华人民共和国教育部.普通高中思想政治课程标准(2017年版)[M].北京:人民教育出版社,2018.

具体的地域特点、学校特点、教师特点和学生特点作为出发点,使它们各自的优势都发挥出来,这样课程资源的开发将会具有多样性、丰富性和独特性的特色。这就要求思想品德教师对教材探究资源要精心挑选,对富有时代性的社会热点资源要及时补充,对富有地方特色的社会资源要努力挖掘,让学生感觉身临其境,这样课堂才能"探活""探真""探实"。

1. 对教材探究资源要精心选择

探究内容需要思想品德教师的精心选择。因为思想品德学科涉及的知识面很广,经济、思想品德、文化、生活及道德建设、心理健康等内容都有涉及,而这些内容对探究并不是全都适合的。教师对于探究活动要有选择性,选择具有意义的活动并组织学生开展。在对探究内容进行选择时,要考虑到地理、时间、群体因素,既要与教师的引导能力相符,又要与学生群体的探究能力相适应,同时对于学生品行修养、学生的认知水平、学生的健康成长也要有促进作用。对于过于困难的、学生参与度不高、参与人数不多的课题不要选择,否则学生就变成了"陪探",失去了兴趣;也要注意选题不能过于容易,这样学生不用费脑子,全部参与讨论,表面热闹,实则探究没有任何意义。

2. 对本土探究资源要深入挖掘

我国幅员辽阔,全国地域文化差异明显。由于使用统一的课程标准、教学大纲和教材内容,所以许多地域特色在教材中无法体现,教材内容与当地教育实际不相符,缺乏灵活性。而且在国家统编的教材中,一些材料、例子明显具有一定的滞后性,很多"不接地气",与学生生活实际相差很远,也不符合学生的生活体验,使学生在学习过程中很难产生强烈的心灵共鸣。因此,这就要求在教学中,教师要根据实际教学的需要,灵活而有创造性地使课堂探究资源丰富起来,把探究的情境与真实问题的背景相结合,对本土资源广泛挖掘,深入开发利用。在举例时,要多选一些与学生家乡实际贴近的例子,这样学生就会有"身临其境"之感,不仅可以使学生的学习兴趣提高,而且这种在实际生活中生成的知识,学生接受和理解起来更加容易。这样对于思想品德课堂探究的地域性、时代性和生活性都有促进作用,而且还能使学生的爱乡情感增强,使学生的激情之火点燃起来,达到了学生掌握知识和育人的双重目的。

3. 对学生的生成资源要充分发掘

思想品德学科课堂生成主要表现为心灵的共鸣、内心的澄明、思维的共振、视界的明亮及生命的感悟等,具体体现为"茅塞顿开""百感交集""豁然开朗""怦然心动"等。因此,学生在进行课外主题探究活动后,会有许多新的知识、新的收获生成,很多探究成果也会产生,表现形式如图片、录像、文字资料、实物等,有的被写成小论文,有的被写成调查报告,有的被制作成 PPT 课件。根据课堂内容的需要,教师在进行课堂探究活动时,可以把学生的探究成果充分利用起来,把学生的生成资源挖掘出来。

(三)优化课堂探究过程,提高探究实效

在课堂探究式学习中,要使教师在探究式教学中的重要作用充分发挥出来,最主要的因素是教师的探究理念要正确、探究主题要明确、探究过程要合理。

1.创设探究情境

孔子曰:"学起于思,思源于疑。"在课堂教学中,如果教师在对抽象的概念原理讲解时,没有用让学生感兴趣的引子作为开头,而直接拿来探究,将不会引起大多数学生的兴趣。学生只有被那些带有探索因素的问题情境吸引了,他们的学习兴趣、好奇心和求知欲才会被激发,他们才可以专注于特定的情境,对解决问题才会全身心投入。因此,教师在授课时要以创设情境为主导,使学生在不知不觉中对所学的内容产生兴趣。这就需要教师把探究式学习资源开发者的作用充分发挥出来,按照授课需要,取舍、重组教材探究内容,以适合学生的生活化的情境来对探究活动展开。而这些探究情境要与学生生活和社会生活相关,这样学生才会有身临其境之感,他们的积极性才能被调到起来,使探究的真正实效能够实现。

2.提出探究问题

为了使学生的探究活动既有趣,还能有所收获,教师设计的问题不仅要新颖,能引起学生的兴趣,激发学生积极思维,还一定要有启示意义和发展余地,能够激发学生探究的积极性,这样才能使学生产生进一步思考与探究的兴趣,探究才有价值和意义。

3.学生自主探究

苏霍姆林斯基曾说:"在人的内心深处,都有一种根深蒂固的需要,就是希望自己是研究者、发现者、探索者。"①当教师创设情境并向学生提出自主探究问题后,对学生要引导,而不是牵着学生走;对学生要鼓励,而不要压抑学生;在学生的学习过程要指导,而不要代替学生做出结论,要给学生足够的时间阅读教材,让他

---

① 苏霍姆林斯基.给教师的建议[M].杜殿坤,编译.北京:教育科学出版社,1984.

们进行自主探究。在这些问题的引导下,学生可以把教材知识与生活实际结合起来,通过教师的指导,深入探究。在探究过程中,学生随时都会产生新思想和新问题,教师应鼓励学生发表自己的不同观点,对他们大胆地生疑、质疑、探疑、解疑要积极表扬,对他们不满足于简单结论也要予以鼓励,使他们保持继续探究的兴趣。

4. 教师点评升华

在课堂探究活动中,学生探究讨论并提出不同观点后,教师要及时、恰当地给予点评,对其创新价值予以肯定,并指出其不足。教师不仅要关注学生是否探究出了结果,还要对这些结果给予及时的评价,对学生在探究过程中所表现出来的态度、意志、能力等进行点评。点评主要分为三个方面:首先,针对学生在探究中对知识的自主建构情况进行点评;其次,回归情景导入,对学生不能把握的问题进行点评;最后,对探究拓展进行点评,升华学生的情感、态度、价值观。

(四)改革教学评价机制,解除探究学习瓶颈

如果能对探究式教学有效地运用起来,就会提升学生的知识掌握水平和能力。但在实际教学中,有些教师并不热衷于探究式教学。调查结果显示,受到高考体制因素、学校评价机制、社会家长因素的限制,教师不能完全放手开展教改、放手实施探究式教学,尤其是考试评价制度仍然是束缚他们开展探究式教学的主要瓶颈。

因为探究式教学需要投入很多的时间和精力,所以很多学生、家长甚至学校都担心这种教学方式对课堂上知识的传授量是否有影响,对学生考试成绩的提高是否有帮助,这也是很多教师不愿进行探究尝试的主要原因。因此,要想使教师在探究式教学中的作用充分发挥出来,还必须加大在评价体制上的改革力度。尤其是在当前社会背景下,在短期内对选拔考试取缔不太现实,要想使教师的积极作用充分发挥出来,课程考试评价机制就必须改变,这样教师才敢于主动尝试,把课堂探究式教学真正落到实处。进行探究式教学时,在评价过程中必须要做到定量与定性相结合、形成性评价与终结性评价相结合、自评与他评相结合这"三个结合"。

二、中小学思想品德探究式教学对学生的要求

(一)自身的综合素质要不断提高

在中小学思想品德学科教学中实施探究式教学,对学生素质的要求相对要高。在传统教学模式中,学生要想有一个优异的成绩,只要上课认真听讲、记笔记,把要

考试的内容死记硬背下来就可以实现,但是在这个过程中,学生几乎没有思考、没有创造,只是机械地复述知识而没有创新的过程。但是在探究式教学中,学生仅仅凭借机械的记忆是行不通的,它要求学生真正地进行探究式学习,对学习中的困难要努力克服,在知识的储备、概括能力、语言表达能力、质疑能力、应变能力、合作能力方面也都有一定的要求,这样才能真正地提升学生的能力。俗话说:"巧妇难为无米之炊。"如果学生对基础知识掌握得不牢固,对概念原理理解的不深刻,就会使他们自主学习的信心降低,无法顺利进行探究活动。所以,要想使探究活动顺利开展,学生就要认真学习,把基础知识全面系统地掌握了,使自己各方面的能力都有所提高。只有具备了扎实的基本功,才能使探究式学习真正地开展。

(二)自身的探究能力要不断提升

在探究式教学模式下,学习的真正主体是学生。学生能否在探究式学习中长期坚持下去,探究能力能否提升是一个重要条件。学习最重要的动力是兴趣,如果学生没有丝毫兴趣而非要强制他们学习,这样将会把学生探究真理的欲望抹杀掉。由此可知,在进行探究式教学时,教师首先要把教学观念转变过来,对每一个学生充满信任,把教学的氛围营造成师生平等的关系,对每一位学生的大胆探究都予以鼓励,在给学生布置任务时,要鼓励学生自己动手去获取资料。现代教育理论的主张是学生应该动手去"做科学"而不是"听科学"。

因此,要想使探究式学习能力得到提升,学生就要通过动手和思考的过程把自己探索、发现、创新和反思的能力提高,通过运用观察、调查、提问、查阅、分析、设计、检验、预测、实践、总结、反思等基本方法,逐步适应多变的学习问题,经由教师的引导自主解决问题。在探究式学习的过程中,学生之间需要坦诚相待、求同存异、互相帮助、互相促进,从而增进友谊,共同成长。因此,要使探究式学习能力得以提升,学生的团队合作意识、平等参与精神、交往能力、批判意识等方面的培养都要特别注意。

(三)自身主体地位的认识要有所加强

在传统教学模式中,教师占中心位置,学生的地位是被动的、受支配的。学生必须在教师的安排下进行学习活动。在教学活动中,学生主要是作为"配角"来面对教师的教学活动,缺乏主体地位的权利。实际上,在学生内心中,他们并不认同这种缺乏自主能动性的角色安排,因此他们对教师的教学活动也不可能全面、积极、主动地回应。

在思想品德学科探究式教学中,学生成了学习的主体,他们处于主动地位,对于自己所喜欢的主题学习活动可以以单独或群体的方式来进行,他们的地位角色由传统教学模式中的从属的、封闭的,变成了现在自主的、开放的,而教师只需对学生引导和帮助。在思想品德学科探究式教学中,学生的学习主体地位被彻底认同,它对学生的要求是:必须投入极大的热情,把"要我学"转变为"我要学",要积极主动地去探索、去尝试,把个体创造潜能充分发挥出来。

在思想品德学科探究式教学中,学生可以按照自己的兴趣、爱好和特长,对研究课题进行自主选择。这一过程包括从选题、搜集资料到撰写报告、答辩、成果展示,这就要求学生具有很高的自主决断能力。学生具有了主动性和自主性,他们与教师的地位也就平等了,这样学生对自己的地位角色有了高度认同感,他们在整个学习过程中才能使自己的自信、自立、自强的精神风貌真正展现出来。

第三节　中小学思想品德探究式教学的策略

一、科学设计主题,积极创设探究情境

在对思想品德学科的教学探究活动设计中,最重要的部分是探究的主题。教师在进行教学设计时一方面要以课程标准为依据,与教材内容相结合;另一方面要对学生学习的现实起点有充分的估计,对学生已经具备的有关知识与技能基础、认识水平有充分的了解,以学生的实际为标准,对探究活动的主题进行选择与确定。做到这些探究活动就能有效地为学生理解和内化核心知识服务,从而使教学重点与难点得以突破,促进教学目标的全面完成。

探究主题确定以后,教师需要创设一个教学情境。创设情境指的是教师在教学过程中,借助声音、图片和表演等方式来创设具有一定情绪色彩的、以形象为主体的生动具体的场景,使学生得到一定的情感体验,从而帮助学生理解教材,这是一种促进学生心理机能发展的探究教学方式。创设的教学情境要能使学生轻松,并可以把他们原有的认知结构的某些线索调动起来,经过思维的内部整合作用,人们就会顿悟或产生新的认知结构,起到启迪人类智慧的作用。学生一旦被带入富有美感的情境中,他们就会情绪高昂,在体验情境时就会带着情感,并受到情感的支配,展开积极的想象与思考,想要表达的欲望也就随之产生了。

如今,西方教育界依然倡导"苏格拉底法",它和我们现在所说的"助产术"是

一样的,即以对话的方式,师生在和谐的情境中交流和互动。在课堂教学中,教师可与实际适当联系起来,把生活情境创设出来,这样既可以使学生对教学内容的理解加深,同时对学生的学习兴趣也具有激发作用,这样学生就会体会到学以致用的重要性。因此教师要紧跟时代步伐,要有意识地搜集与学生生活相关的知识内容。

二、精心设置问题,激发学生探究兴趣

探究式教学的中心是问题,因此如何设置问题至关重要。优秀的问题设计形式,就会吸引学生的兴趣,把学生的探究热情调动起来。在进行问题设计时,教师应以学生的内在需求为主,对学生关注的热点要了解,对学生感到最困惑的问题要设在学生的"最近发展区"。

维果茨基著名的"最近发展区"理论认为可以把儿童的发展水平分为两种:一种是儿童现有的水平;另一种是儿童即将达到的发展水平。这两种水平之间的差异就是"最近发展区"。在对探究问题进行设置时,教师不能只为适应学生的现有水平而设置,而是要以学生的"最近发展区"为标准,通过对特定问题的设置、对特定情境的创设来激发学生的兴趣,使学生能够运用已有知识,跨过"最近发展区",进而达到更高水平的发展。

教师在进行探究问题设计时,要对以下特点做出突出表现。

第一,探究性。教师对问题的设置要具有可探性,既要与教材相联系,又要比教材适度高一些,这样才能使学生在探究的过程中生成知识,提升能力,促使正确的情感、态度与价值观的形成。

第二,趣味性。教师设计问题的依据是教学目标和教学内容,问题的设置要以形式多样、内容丰富、具有一定的趣味性为目标,这样才能使学生的学习动力被激发出来,思维的火花才能被点燃,学生的参与度才能提高。

第三,生活化。生活化的问题,对学生来说才有切身感受。它能够使学生与探究问题的距离缩短,能使学生的探究热情提高。同时,探究活动如果具有生活价值,对学生的学习和生活具有指导作用,学生参与探究的积极主动性才会高,才能够全神贯注地投入探究活动中。

第四,实践性。教师设计问题时要注意与社会实践的联系,使学生在认识社会、适应社会、融入社会的实践活动中,能够感受经济、思想品德、文化等各个领域应用知识的价值,并能认识到理性思考的意义。设计的探究问题不能只是从理论到理论,还要把理论的实践价值突显出来。

第五,针对性。教师要以教学目标、教学重点和难点为依据,根据学生的实际设计问题,对理论与实际的结合点、学生情感态度的触动点等要尤为注意,这样才能做到有的放矢,对探究活动的精度有所提高。

一个人能够获得知识、提升能力的巨大动力来自兴趣,它可以让学生从被动变为主动,自信度增高。学生产生探究的兴趣后,好奇的心理和想要了解事物及事物本质的欲望也会产生,这样认知驱动力就产生了。教师要选择生动活泼的活动形式、富有新意的媒体手段,以此来把学生的好奇心、自主探索和创新的热情激发出来,给他们提供适合的事物、情境,把他们的好奇心转变为研究问题的兴趣。

另外,有些教师可能只对培养学生分析问题和解决问题的能力比较重视,而忽视培养学生提出问题的能力。对学生求知欲的激发,引导学生提出各种问题,在探究式教学中也具有很强的指导作用。教师要对提出问题的学生予以鼓励,肯定那些好问、多问的学生;还要奖励那些提出好问题的学生;引导那些不善于提出问题的学生;对于那些虽然勇于提出问题却抓不住问题要点的学生,要耐心地引导。教师应该对问题意识在教学中的重要地位反复强调,使学生真正明白:提问的原因,提问的方式,怎样使提出的问题有价值。

三、加强合作引导,有效完成探究任务

教师花费了大量时间精心准备了一节课,运用了多媒体教学、设置情境,并且也有大量的材料供学生参考,整节课教师很少参与,全部的时间几乎都是学生在探讨,但最后探究结果却不理想。这是什么原因呢? 这主要是因为在探究过程中老师没有给予学生适当的引导,学生只是盲目地探究。教师鼓励学生发现问题和提出问题,但是学生有时提出的问题并没有价值,只是把大量的时间浪费在琐碎的问题上,这时教师就应当积极地介入,把学生引导到探究的主题上来。

现代心理学研究把课堂上的学习情境分为三种,分别是合作性学习、竞争性学习和个人学习。其中合作性学习是最佳的学习情境,这种情境对于学生的主体参与非常有利。小组合作学习对于学生参与教学的兴趣、学习动机的激发都十分有利。小组合作能使每个学生的地位都表现出来,使他们对小组的责任感增强,小组合作成为学生共同学习、共同创造的一种较好的教学形态。

在探究教学过程中,教师对学生的探究活动要始终有意识地去参与,作为引导者、促进者、合作者的身份帮助学生解决疑问。在这个过程中,要使学生的主体性充分发挥出来,学生作为学习的主人,要真正地发现问题和解决问题。教师与学生

之间不能出现问答或对话的现象,学生与学生之间才能产生对话、答辩、争论,教师只需在关键处加以点拨。同时教师的另一个任务是启发学生独立思考和勇于发表自己的见解,集中大家的注意力到讨论的主题和争论的焦点上,把讨论向纵深发展引导,研究关键问题,目的是解决问题,而不要对问题的结论进行暗示。学生在分析问题和解决问题时,教师还要引导他们运用马克思主义观点和方法,使学生树立正确的世界观、人生观和价值观,在与教师合作探究中将科学知识、科学态度和科学方法转变为自己的知识。简而言之,学生在进行合作探究时,教师必须做到"眼观六路,耳听八方",把巡视指导工作做好,对学生的合作探究要不断点拨引导。

四、深入挖掘教材,发挥"单元综合探究"的独特作用

思想品德教材中"单元综合探究"的设置是一大特点。每一单元的综合探究,有的是对本单元的总结概括,有的是单元知识的拓展应用,还有的是对本单元问题的升华,这些都与本单元的知识密切联系,是教材的有机组成部分。在进行探究教学活动时,对单元综合探究的重要地位要有正确的认识,使单元综合探究在知识应用上的升华以及思想教育方面的独特作用充分发挥出来。

单元综合探究存在其自身的特殊性,它包括更高的综合性、更显著的开放性、更突出的实践性和更强的探究性。教师在进行单元探究教学的时候,首先,应注意对单元探究的思想性的把握。每一个单元综合探究的内容都蕴含着一定的思想性,它影响着学生的情感态度价值观。教师在对教材探究的案例使用时,要对综合探究问题的现实性进行关注,对其内在的思想内涵应深入挖掘。其次,对探究式学习的学生主体性应该提倡。教材的单元综合探究设置的目的是为学生的学习。作为探究性学习活动的主体,学生是知识的学习者。对教材的单元综合探究能动性地、创造性地利用,可以开启学生的智慧,使学生进行问题探究的积极性得到提高。所以教师在使用教材的单元综合探究材料时,应该以是否为学生的创造力、探究力的发挥提供平台和条件为依据,以便使学生创造性的成果自然生成。最后,应对探究式教学和学习的活动性进行强调。在探究式教学的过程中,无论是课堂前的准备过程,还是课堂中的探究成果展示和观点交流,都必须对学生通过活动参与到探究性的学习中进行强调。教师应对单元探究活动中的活动设计加以重视,从情境材料出发,激趣设疑,注重探究学习的活动性,把学生学习的积极性调动起来,使学生在活动中获得切身的感悟和体验。

五、理顺三组关系,把握探究式教学中需要注意的问题

(一)必须处理好教师与学生的关系

传统的思想品德学科教学的中心是教师,教师是课堂教学的主要角色,学生处于从属地位。师生之间缺乏交流互动,主要的互动模式就是教师提问、学生回答,这对学生创造性思维的发挥具有妨碍性。

探究式教学把这种情况改变了,它把两者协调起来。教师努力把课堂还给学生,学生有了充分的探究时间,主体地位得到了承认,变成了学生的自主学习。学生自主探究并不是说教师放任不管,而是在学生积极思考、参与讨论、发现问题并尝试解决问题的过程中只需起指导作用即可。在教师的指导下,学生才会有明确的探究方向,通过教师的正确引导,学生的探究就会取得事半功倍的效果。通过教师的指引,学生的主体作用得以发挥,学生通过主动思考、动手操作、语言表述等一系列的活动,逐渐把这些外部活动内化为自己的知识技能。

(二)必须处理好教材与教学内容的关系

教材被有些教师当成了绝对的权威和不容置疑的真理,认为教师的责任就是把这些"真理"传授给学生。在实际的教学中,这些教师并没有对教材进行创新整合,有些教师甚至使用同一本教材教学十几年。可以想象,这样的教学方式,肯定会影响学生的学习兴趣和学习效果。随着社会的进步,社会对人才的要求越来越高,单纯用知识武装头脑的提法已经不适应现在的社会了。社会变化日新月异,新的人才需要迅速适应这种变化,要具有较强的适应能力和学习能力。这种能力单单从教材中是不能获得的,这时教师需要以教材为依据,对教材内容深入发掘,在教学的过程中,在贴近学生、贴近生活、贴近社会的实际中慢慢积累获得。

因此,教师的教学内容不能单以教材的知识为主,因为静态的知识是远远不够的,他们还需要一个与实际生活联系紧密的不断变化的内容。探究式教学对教师的要求是,教师不仅要传授教材里的知识,还要以探究活动的形式培养学生自主学习的能力和科学探究的能力,使学生的知识和能力得到双重提高。

(三)必须处理好探究过程与探究结果的关系

在传统教学活动中,人们一般对教学结果非常注重。在探究式教学活动中,这

样的观念同样也存在。因为人们认为探究活动如果没有结果,探究就成了一种毫无意义的形式,只是浪费时间。其实,探究作为一种教学活动,其结果虽然重要,但其过程也同样重要。因为培养学生的科学素养、创造精神及主体性人格不能靠死记硬背理论知识,而应在学生能动的探究过程中去完成。因此,在探究式教学中必须坚持过程与结果相统一的原则,教师既要重视学生在教学活动中对知识、技能的掌握程度,追求学生的学习结果,从而使学生的学习更有效,提高学生的知识水平,又要对学生知识的获得过程高度重视,以便使学生的探究技能充分发展,使学生的学习能力提高,让学生学会自主学习。

在思想品德学科探究式教学中,思想品德教师不仅要让学生掌握教材中的基本概念和原理及解决实际问题的基本技能,注重提高学生的知识水平,还应指导学生学会对所要解决问题的相关学习材料进行搜集与处理,学会质疑讨论、解难释疑的方法,学会探究,注重发展学生的探究技能。如果只注重结果,就会失去探究应有的意义,走回传统教学的老路。相反的,如果只注重过程,把学生的学习过程本身看作是教师所应追求的结果,则又会走向另一个极端。在探究式教学中要正确处理好探究过程和探究结果的关系,把探究过程和探究结果有机结合起来,达到形式和内容的统一。

第五章　中小学思想品德教学活动设计

第一节　中小学思想品德备课与教案设计

一、备课

（一）备课是教学设计的基础性环节

备课是教师开展课堂教学设计的基础性工作,也是教师提高课堂教学质量的关键性环节。备课对于整个教学活动是否能顺利进行起着非常关键的作用,同时,备课工作的质量不仅直接影响着上课的质量,备课是不是充分还影响着课堂教学的后续环节。所以,备课质量的高低是衡量一个教师教学水平高低的重要指标,也是教师必须掌握的基本功。

通常来讲,备课需要经过三个基本阶段。

第一阶段——备课准备。在这个阶段,教师要钻研教材、重构和解读教学文本;对学生的学习背景、学习任务和学习需要进行分析;同时,根据学生所学教材来确定教学目标,明确学生的学习任务,选择合适的教学策略。开发并利用教学资源,构思上课的方法、策略和过程并设计板书。

第二阶段——书写教案。在这个阶段,教师需将备课准备工作中考虑到的问题付诸某一载体上,即教学设计方案(简称教案)。教案既可以是纸质文本,也可以是电子文本,同时还需要通过准备教学手段和教学媒介,制作出教学用的多媒体课件。

第三阶段——评价与反思。在完成了以上两阶段内容之后,需再审查整个教案,看下教案在实施过程中能不能促进学生的发展,是不是符合学生的认知规律,是否有利于培养学生自主学习能力和创新能力,能不能体现教师自身的教学特色等。

(二)备课概念解析

1.备课的概念

备课主要是要求教师在讲课之前对所讲教材进行深入钻研,确定教学目标和要求并掌握教学内容,同时,还应充分了解学生的情况,制定具体适合的教学方案,再通过运用灵活的教学方法,引导学生积极主动地去学习。对于备课内容而言,简要的说法是"三备",即"备大纲(课程标准)、备教材、备教法"。

(1)备好大纲(课程标准)

大纲是实施教学和评价教学的依据。它主要以学生的生活经验来作为一种重要的教育资源,从不同的层面,确定教学内容的标准,让学生可以通过学习来使自己的情感体验更丰富、生活态度更积极,并养成良好的价值观和行为习惯。大纲规定了课程的目标、性质、框架内容,提出了合理的教学评价建议,给教师进行教学活动做出明确的指示。因此,教师需要认真学习课程标准,领会其中的精神,明确教学任务、学科性质、阶段目标和课程总目标,理解并体会其实施的建议,只有这样,才能把握好新理念,提高备课的质量,从而更好地完成教育目标。

(2)备好教材

教材是学生用来学习的一种重要的资源,它是教师上课的凭借,也是教学的依据和师生进行沟通的中介。仔细研读教材是备好课的关键因素。通过充分地利用教材,开展合作、自主、探究的教学模式,是新课程的基本理念。目前,新课程标准要求课堂需要互动,但这并不能说教学活动是可以脱离教材的,教师还是需要研究教材,以教材为支点、为依据走进生活,从而使生活和教材可以紧密结合起来。教师属于课程的开发者,研究教材原本就是对教师的一般要求。因此,如果想备好教材,必须做到以下几方面。

第一,通读教材,通过熟悉全册教材,并仔细钻研单元教材,可以准确地把握教材中的各种因素,设计出可以激发、诱导学生的方法和步骤。

第二,深入研究每一篇教材,掌握教材具体的教学内容、侧重点和教学要求,达到一目了然,以此可以保证课堂教学游刃有余,得心应手。

第三,弄清楚思维训练的重点和难点,通过教材去引导学生尝试探究性的学习,从而提高学生综合运用的能力。

（3）备好教法

素质教育要求学生在学习过程中要主动发展、主动获取。思想品德教育教学是否能够真正走向素质教育，其中一个重要标志就是学生作为主体参与教育过程的程度，备课时一定要通过深入研究去发现、掌握并运用这一点，从而可以充分发挥出教材本身作为教学方法的作用。采用学生愿意接受的方法进行教学，使教学变得新鲜有趣，这是提高学生参与课堂教学积极性的前提。课堂教学被称为是教师和学生的双边活动，主要因为我们能够认识到教师和学生都具有一定的主观能动性。"活动+实践+讨论感悟"的教学方法就是以这样为基础展开的。在课堂上，学生不单单是接受者、倾听者、被训练者，也是一个主动参与者、探索者。在这样的过程中，学生必须充分显示其主观能动性，有想法就要表述，有能力就要展示，有问题就要暴露，只有通过反复认识自己，修正自己，才能使自己得到发展。因此，教学方法的选择通常要以教材的教学内容、教学目的和学生本身的个性差异、年龄特征等情况来作为依据，这样也符合学生认识客观事物的规律。不同的类型采用不同的教法，这样既能发挥教师的主导作用，也可以最大限度地促使学生积极主动、发挥潜力，有利于学生自学能力的培养。

面向全体学生教学，要因材施教，针对不同的教学对象采用不同的教学方法。在选择上既要灵活多样，也要直观形象，这样有助于学生接受，要防止流于形式，花样百出。在选择和运用教学方法的时候，还要注意各种教学方法的相互补充和渗透。这样既有利于发展学生的认识能力，也有利于学生积极的学习，同时还可以让学生通过多种思维和学习方式去理解教材，以此提高学习的质量。另外，在备课的时候，教师还要根据自身的特点，把自己的长处恰当地运用到课堂教学上，发挥自己的教学个性，切忌不考虑学生和教材的实际情况，生搬硬套。

2. 传统备课与现代备课的区别

我国传统备课观是建立在以教科书为"课"的认知上，上课就是单纯的教师"教"教科书的活动，教学目的是让学生系统地掌握教科书中的知识，备课也只是围绕教科书进行的准备。这种是以教科书为本位的传统备课。

现代备课观认为，"课"属于学生的学习活动，"教材"属于学生用来学习的材料，上课是教师指导学生的学习活动，备课属于教师指导学生学习的准备。由于学生的学习活动有可能会出现意想不到的情况发生，因此教师既要随时准备调整原有的上课计划，又要有对原有计划进行批判性反思的思想准备。这种是以学生为本位的现代备课。

现代备课并不是对传统备课的全盘否定，而是在传统备课的基础上，突破其形式和要求,实现了教学的现代化、科学化和规范化,主张教师备课要更符合学生作为创造性个体的需要,构建利于师生互动的生态课堂创新备课思维。

(三)备课的意义

1.备课是教师工作的常态

第一,备课是教师必须掌握的基本功之一。所有的教师在上课之前都需要备课。能备课是对教师最基本的要求;会备课可以看出教师的基本能力;备好课则是教师基本功扎实的重要体现。因此,教师的备课作为教学管理的重要内容很受重视。

第二,备课是教师展示自身个性化创造过程的记录。备课的过程渗透着教师的教学思想、经验和理念,因此每一位教师的备课都展示了其个人的职业精神和职业素养,从而形成了特点和风格都不相同的备课,也记录了教师具有创造性的劳动成果。

第三,备课是教师教学行为和学生学习方式的融合。在备课过程中,教师既要设计教师的教学行为,还要设计学生的学习方式,如何使教与学更好地沟通、交流、对话和合作,是在备课中经过仔细研究而形成的有效的教学方法和教学策略。

第四,备课对教师的成长有一定的推动作用。备课不单单是课堂教学的准备,同时也记录了教师的教学轨迹和教学思想,还是教师总结经验、认识自己并提高成长的重要资料。精心研究备课的老师其教学能力会得到很大提升。

2.备课质量决定课堂教学质量

在上课之前把课备好是提升教学质量、保证课堂教学高效的前提条件。每一次精彩课堂的背后,都是教师精心准备的结果,想有怎样的发挥和怎样的效果就需要有怎样的准备。不会上课的老师是一名不合格的老师,而轻视备课甚至不会备课的老师也一定是不合格的老师。

(四)备课的类型和形式

1.备课的一般类型

(1)集体备课和个体备课

一般情况下,教师为了把课上好,会一个人把课前的各种准备提前认真做好,用心备课,这种工作状态是属于教师个人的。而教师在教研组内,或是教师在学校之间的协作体内,也会以集体的形式组织备课。教师之间可以通过集体备课取长补短、集思广益、相互学习,从而共同提高教学质量。

(2)课前备课和课后备课

上课前的准备属于课前备课。教师在上课之前写好完善的教学设计文案,许多教师还会对先前的备课成果再默记并仔细揣摩,以达到更熟练的程度,这是复案。课后备课则是在上课之后,书写一些教学后记或者是课后反思,用来评价教学实施过程和教学设计文本。

(3)电子备课和书面备课

电子备课是通过现代教学工具,如网络、多媒体、电子课件等形式,来记录备课的成果。书面备课则是将备课的内容用文字描述清楚,作为教学设计的文案。

备课不只是存在于课前,对单独一节课所做的备课叫作课时备课,即每一节课都需要一一相应地做出教学设计。此外,还有一种备课是平时点滴积累,收集与课程有关的资料,称之为常年备课;还有在寒暑假的时候,将全书进行通读,为接下来一学期教学提前做好准备的学期备课。

2. 备课的创新形式

随着网络的普及和时代的发展,教师在实践中还开发了一些新的备课形式。

(1)论坛式备课

论坛式备课是教师集体备课的一种新形式。它是由主讲人主持备课,主讲人先行提出其备课的初步想法,并提出需要讨论的问题及本人的一些困惑。参与进来的教师可以畅所欲言、各抒己见,恰当地展示自己的观点与认识,同时也可以把自己的备课资料展示出来。对于同行的认识和观点,既可表示赞同,也可表示反对,最后通过思想碰撞,实现资源共享。

(2)网络备课

网络备课是充分利用局域网"主控"和"对等"的功能,通过一些软件实现备课主讲人和"举手"发言人对网络的控制,使其备课内容可以被教师共享;利用网络的共享功能可以实现教师之间的资源共享,同时也可以设立共享文件夹,将每次备课的成果输入,逐渐积累形成一定体系;或者通过网络的搜索引擎及时查证一些问题,并得到解释,一起形成备课成果文件夹,以此来共享备课成果。

(3)多媒体备课

教师通过以计算机为主体的多媒体设备,把传统的备课形式作为基点,充分考虑教学内容的特点,将课堂教学过程中所涉及的声音、图片、文字、动画等教学内容根据一定的教学过程设计、学生的特点和实际情况合理有序地融合在多媒体计算机中,以便于通过以计算机为主要设备进行多媒体辅助教学的一种备课方法。

二、教学方案设计

（一）学期教学方案设计

1. 教学方案设计的意义

学期教学方案是教师为了保证学期教学活动能够井然有序地进行，在学期开学前或开学初时，对整个学期教学活动进行的整体设计和规划。学期教学方案的设计是否用心，不仅影响教学工作是否能有计划、有步骤地进行，对能否实现学期教学目标，有效地完成学期教学任务也有很大影响；同时对于教师提升自身专业素养，提高其教育教学能力也具有重要意义。

（1）有利于教学工作的规范化和科学化

学期教学方案的设计以学习理论和教学理论为依据，通过运用系统方法对整个学期的教学任务和教学工作做出具体的部署与计划，进而使整个学期的教学过程与环节在整体上得到优化，使本学期的教学工作更加规范和有序，并能避免教学工作的紊乱和无序，也避免了教学的自发性和随意性。同时，由于这种以系统思想为指导的教学设计遵循一定的教学理论与规律，这样也会大大提高教学工作的科学性。

（2）有利于提高教学效益和教学质量

学期教学设计不仅可以使学期教学过程从整体上得到优化，还可以使教学的效果和效率从整体上得到提高，从而提高教学质量。

首先，教师在设计学期教学方案的时候，自觉地通过运用教学理论和规律，客观地分析学生的实际和学期教学内容，制定行之有效的教学策略与程序，因而其可操作性和针对性都比较强。

其次，学期教学方案设计可以使教师对整个学期的教学策略和程序有一个大致的把握，这样能使他们在具体的教学过程中更加灵活地把握和处理教学内容和教学对象，从而有效地完成教学任务，实现教学目标。

最后，学期教学方案设计对教学活动的每个阶段、每个步骤和环节，一一进行了周密考虑、合理布局、统筹安排，这样通过把教师的教学活动和学生的学习行为有机地统一起来，就大大地提高了教学效益和教学质量。

（3）有利于教学评价的开展

学期教学方案的设计，必须要明确地提出整个学期教学工作的任务和目标，整个学期的教学过程也需严格按照预先设计的方案来实施。在学期教学结束之后，教学效果如何，也要以学期教学方案所确立下来的目标为依据来对教师所教的和学生所学的进行评价，以是否完成教学目标和完成教学目标的程度等为标准，来衡量教学的效果。

（4）有利于教师专业素养的发展

教师的专业素养包括专业精神、专业思想、专业能力、专业知识等。其中专业能力包括教学设计的能力；专业知识也包括教学设计的知识。而且有关教学设计的能力和知识在教师的专业素养中占有特别重要的位置。在学期教学方案设计的过程中，教师需对学生的特点、教学方法、教学内容、教学程序等多个方面充分研究，并在这些基础上有一个整体的构思。我们可以看出，学期教学方案的设计过程就是教师自我创作和自我学习的过程。在这样不断研究、学习、创造的过程中，教师自身的专业素养和业务能力就会得到不断的发展和提高。

2. 教学方案设计的基本方法

学期教学方案一般没有固定的模式，从其基本构成来看，通常是由两部分组成，即说明和教学进度安排。说明部分一般包括学生基本情况分析、学期教材分析、教学的主要措施及学期教学目标等；教学进度安排则是根据学期的授课课时，从学生实际和教材内容出发，对学期的时间安排和教学进程做出整体规划。教师在进行学期教学设计时，可从以下几个方面考虑。

（1）教材分析

教材分析主要是对学期教材的知识体系、作用、地位等进行总体把握和分析，既要明确整个学期教材的重要性，也要理顺教材整体的知识结构。因此，教材分析包括两方面。

第一，教材的结构体系。包括分析教材的基本结构和内容。通过系统地分析，明确教材的内容体系，为后边教学进程的安排做基础。

第二，教材的地位。包括教材在学生发展中的地位和在整个思想品德学科教材体系中的地位。通过对教材地位的分析，进而明确教材的重要性。

（2）学生基本情况分析

学生学习情况分析主要是教师对所授班级学生的基本情况、学习基础、思想状况、能力水平、学习兴趣、存在的问题及已取得的成绩等方面进行分析，其中对学生可能面临的问题与困难、学生学习本学期知识内容的知识基础和知识背景等方面的分析尤为重要。

（3）教学目标

教学目标是指学期的教学要达到什么样的预期结果。教学目标的设计要结合学生的实际情况和学校的教学要求，以课程标准为依据，从能力目标、知识目标和情感态度及价值观目标等三个方面来设计。只有学期教学目标的制定符合实际，科学合理，才能促进学生的发展，保证学期教学任务的顺利完成。

（4）教学的主要措施

教学的主要措施是指运用何种手段或采用何种方式来完成教学任务并提高教学质量。教师应该根据学期教学目标和学生的实际情况来确定教学中将要采取的有效措施。教学措施的设计可以从很多方面来考虑，比如参加教学研究活动、更新教学观念、改进教学方法、提高教师自身的综合素质、加强教学信息反馈、组织课外小组活动，等等。

（5）教学进度安排

教学进度安排是以本学期的授课课时为前提，根据学生的实际情况和教学目标以及教学内容，对本学期的教学任务时间、进度等进行整体的计划与安排，目的是保证学期教学任务的顺利进行并圆满完成。安排教学进度要留意节假日所占用掉的课时数，注意给教材的重点和难点部分留有足够的时间。教学进度安排一般以表格的形式出现，主要包括教学内容和年月、周次、节次等项目。

3. 教学方案设计的基本要求

教学方案设计在遵循教学设计的一般要求和教学规律的前提下，还需要注意以下几个方面的要求。

（1）与党和国家的路线方针政策相适应

这是由思想品德学科的任务和性质决定的。思想品德学科是具有较强的国家意志的公民教育课程，党和国家的路线方针政策既是思想品德学科在教学理论联系实际中经常会提到的重要内容，又是思想品德学科教学内容本身的重要构成部分。思想品德学科的教师在进行学期教学方案设计时，既要认真学习研究党和国家的有关路线方针政策，深刻体会其精神实质，又必须贯彻实施到教学方案的设计中去。这样才能保证教学坚持正确的政治方向，实现思想品德学科教学目标，圆满完成教学任务。

（2）与教材和学科课程标准相吻合

思想品德学科的课程标准是国家最高教育行政部门统一制定并颁布实施的，这体现了国家对思想品德课程的要求及学生通过这门课程学习所要达到的标准，它既是教学评价的依据，也是教师教学的基本参考。思想品德学科教材是学科课程标准的具体体现,它承载着教学的主要内容,也是教学的主要材料。因此,教师在设计学期教学方案的时候,必须保证对学期教学的规划和安排是建立在教材和课程标准的基础上的,认真研究课程标准和教材,分析教材的基本结构和内容体系,把握课程标准的实质精神,与教材和学科课程标准基本吻合,决不能抛开课程标准和教材另求他法。

(3)与任课班级的学生实际相符合

学生既是学习的主体,又是教学的对象。教师在设计学期教学方案的时候,务必要注重任课班级的学生,了解学生的心理特征、年龄、接受能力、思想状况、知识水平、兴趣爱好,以及学生如何看待国内外重大时事、党和国家的路线方针政策等情况。如此,才能设计出有针对性的教学方案,突出教学的实效性。

(4)与学校的教育教学工作计划相协调

思想品德学科教学属于学校教学工作的一个重要构成部分,它不可能脱离学校教育教学工作。所以,思想品德学科教师在设计学期教学方案的时候,既要清楚学校对教育教学工作提出的基本目标、主要要求和任务,明白学校总体教育教学工作计划,又要注意各项教育教学活动,如教学检查、教学研究课、期中期末考试等具体安排,从而使设计出的学期教学方案与学校的教育教学计划保持一致。另外,在设计学期教学方案的时候,还要考虑到思想品德学科作为学校德育工作的有机组成部分,要与政教处、学校党团组织、班主任的工作协调一致,力求相互配合,统筹安排,形成思想品德教育的合力。

(5)与教学方案设计的基本规范相一致

学期教学方案没有固定的模式,教师可以以实际教学的需要为依据来进行创造性的设计。但是通常来看,学期教学方案也有其设计的基本规范。例如,在设计的操作步骤上,都会在具体设计之前先做一系列的准备工作,包括研究党和国家的有关路线方针政策、学校教育教学工作计划、学科课程标准和教材等;在方案的内容构成上,一般都包括课程名称、授课班级、教学目标、教学时数、学情分析、教学进度安排、提高教学质量的主要措施等,不管方案如何简化,教学目标、教学进度安排等内容通常都应该包含在内。

(二)单元教学方案设计

每一学期的思想品德教材都由几个单元构成。在开始每个单元教学之前,教师需要安排和规划单元的教学工作。单元教学方案设计就是在一个单元的教学开始之前,教师以本单元的教学目标、教学内容、学生实际和教学时间等情况为依据,对单元教学进行整体安排,从而形成单元教学的活动方案。

1.单元教学方案设计的意义

单元教学设计是教学设计的重要内容,教师对单元教材的分析和理解着重体现在单元教学设计上,单元教学设计既能影响到单元教学的进行,也能影响到后续教学的设计和展开。因此,单元教学方案的设计,不管是对学生的学习还是教师的教学,都有着十分重要的意义。这主要体现在以下两方面。

(1)有利于教师单元教学的有序进行

单元教学设计是教师对单元教学进行的整体规划。教师可以通过单元教学设计从整体上解读教材,把握教材;同时,单元教学设计既有助于教师清楚该单元的教学目标;又有助于教师分析整个单元的知识内容,使知识结构体系的逻辑关系更加明确,从而能够科学合理地安排教学活动,以保证教学工作的顺利进行。

(2)有利于学生掌握系统的学科知识体系

单元教学设计不仅关注本单元自身的知识结构,而且还密切关注本单元与前后单元之间知识的逻辑联系,因此,单元教学方案设计的合理,不仅能够使学生掌握个别知识点,还能够使他们关注知识之间的关系,形成更加完整的知识体系和更加坚固的知识结构。也就是说在学习的过程中,学生不仅要理解本单元的知识,同时也要了解本单元内容在教材体系中的地位和本单元与前后单元知识之间的联系。

2.单元教学方案设计的基本方法

设计单元教学方案其实没有固定的模式可循,其基本内容框架可以分为单元名称、单元教材分析、学生情况分析、单元教学目标、单元教学重点难点、各教学内容的教学形式安排、教学时间分配、单元教学评价等部分。在此我们对其中一些主要的构成要素进行一些简要分析。

(1)单元教材分析

对单元教材的分析有很多,但是主要包括以下几个方面。

第一,课程标准中对本单元教学的要求。也就是在课程标准中是如何规定本单元的内容的,对这些规定应该怎样理解等。

第二,本单元教材的地位和作用。这主要是指在整个模块教材中,本单元教材的地位和作用,以及在学生成长过程中本单元教材的地位和作用。

第三,本单元教材的内容框架。内容框架不仅包括本单元内的各知识点及知识点之间的联系,还包括与本单元相关的知识和原理及本单元与前后单元之间的联系等。

当然,在设计单元教学方案时,对单元教材的分析不一定要面面俱到,可以根据教学的实际和教学需要有所侧重。

(2)学生情况分析

对学生情况的分析可以从以下几个角度展开。

第一,学生学习该单元内容已有的知识背景。

第二,学生学习该单元内容已有的生活经验和学习经验。

第三,学生学习该单元内容可能遇到的困难和问题。

第四,学生学习该单元内容的兴趣、积极性、学习方法等。

(3)单元教学目标

单元教学目标要以课程标准对本单元内容和要求的规定为依据,与学生已有的基础知识和学习能力相结合,根据三维目标体系(知识目标、能力目标、情感态度与价值观目标)来设计。需要注意的是,所设计的教学目标必须与学科发展的需要和学生未来学习的需要相符合。

(4)单元教学重点和难点

单元教学重点和难点主要包括两个方面。

第一,单元教学的重点和难点是什么。一般情况下,每个单元都会有不同的教学重点和难点,所以,这些单元内的教学重点和难点具体有哪些,在单元教学方案中必须有明确的体现。

第二,这些为什么是教学的重点和难点。分析这些明确指出来的重点和难点,说明其是重点和难点的原因。

(5)教学内容及课时安排

教学内容及课时安排是为了分解单元教学内容,并规划每一教学内容要采取的教学形式及所需要的具体的教学时间等。同样,很多学校为了检查和督促教师的教学情况,也专门设计了统一的单元教学方案表。这样,在教师设计单元教学方案时,只需要根据统一的表格逐一填写教学内容、教学时间、学生实际等情况就可以了。

3. 单元教学方案设计的基本要求

思想品德学科单元教学设计要遵循教学设计的一般要求,也要与思想品德学科教学设计的一般程序相符合,例如,要仔细研究党的路线方针政策、研究课程标准和教材、研究学生,等等。此外,思想品德学科单元教学设计还要重视以下几个方面。

（1）整体性

一个单元也是一个小的整体,教师在设计单元教学方案的时候,要以单元整体的教学目标为基础,从单元的整体出发,摸清单元整体的教学线索,通盘规划该单元的知识内容及教学过程等,使整个单元的知识体系能够运转得更加协调。

（2）渐进性

每个单元的教学前后都是相互联系的,它们共同构成一个完整的知识体系。所以,教师在对单元教学方案设计的时候,要根据各知识点之间的顺序和联系来进行规划与安排,并且还应该注意要从单一到综合,从简单到复杂,从基础到提高,保证教学的连续性和前后相继性。

（3）综合性

在单元教学设计中,综合性要求主要是指教师不仅在对整个单元知识结构进行设计时的综合体现,还有整个单元教学是否能培养学生运用知识的综合能力的体现,包括基础知识和基本技能之间的综合,单一的教学目标与三维教学目标之间的综合,以及单方面能力与综合能力之间的综合等。

（三）课时教学方案设计

课时教学方案设计比单元教学方案设计更为具体和详细。课时教学方案通常简称教案,教案不是对课本的简单照搬,它是教师在以课程标准、课时教学内容、教学方法以及教学手段为依据的同时结合教师本人的情况、学校的条件及学生的实际等因素的综合的考量,是为实现教学目标而进行创造性劳动的结晶。

1.课时教学方案设计的意义

课时教学方案是教师课前准备的核心成果。教师以课时教学方案为基本依据,通过预先设计的课时教学方案展开课堂教学活动。因此,精心设计课时教学方案的意义十分重大。

（1）课时教学方案的设计说明教师课前做好了充分的准备,同时它也可以体现教师的责任心。

（2）课时教学方案的设计是教师进行课堂教学的把握和依据。课时教学方案是教师在仔细研究课程标准、教材、教学参考书以及对学生多方面了解的基础上,精心设计出来的成果。教案设计的质量对一节课是否成功有很大的影响。

课堂教学的限制条件有很多,它不仅受到时间限制,还要求教师对学生负责,对教学原则和教学规律要严格遵守,对概念的表述一定要准确并突出重点,对难点、要点要讲解清楚,既要与实际相联系,还要入情入理,使整个教学内容具有条理性和严密的逻辑性,以吸引和感染学生。对于这些要求,大脑是不能完全记住的,必须手脑并用,认真做好课前准备,精心设计课时教学方案。实践证明,有些材料虽然经过了大脑的加工,如概念的表述、重点难点的讲解、教学内容的安排等,但也必须落到实处,见诸文字,还要对其反复推敲与修改,才能做到准确、清晰、有条理性和逻辑性的程度。至于对课堂教学内容与时间的安排,更需要以文字的形式来把握。经验还证明,教案的有无,教案质量的优劣,直接影响着教学效果的好坏。

(3)设计课时教学方案是对教师教学和科研能力提高的主要途径。教案是教师的劳动成果和教学经验的积累,也是对教师水平和教学能力的一种真实的记载和反映。设计课时教学方案为教师总结教学经验提供了最宝贵的依据。因为课时教学方案是教师在教学过程中对各种客观对象认识并驾驭所达到的程度的真实记录,在经过课堂教学实践的检验之后,教师在教学过程中的成功和不足就可以真实地反映出来,从而对教学中存在的一些问题可以有针对性地花时间去解决,对教案进行修改,使之更加完善,进而使教学水平得到提高。

2. 课时教学方案设计的基本方法

课时教学方案和学期教学方案、单元教学方案一样,也没有固定的模式。但不管课时教学方案是哪种形式,通常都会包括:课题、学情分析、教材分析、教学目标、教学方法、教学重点难点、教学过程、教具学具、板书设计等。尤其是课题、教学目标、教学方法、教学重点难点、教学过程以及板书设计这些更是不可缺少的环节。在此,我们主要探讨课时教学方案设计的形式。

课时教学方案的设计可以以教学的实际需要和教师的自身特点为依据采取不同的形式。在现实教学活动中,最常用的课时教学方案的形式主要是叙述式课时教学方案。

叙述式课时教学方案是以文字叙述的形式把课时教学的规划和设计表现出来。根据叙述式课时教学方案内容的详略可以把它分为详案和简案。

(1)详案,指的是详细教案,与讲稿差不多,它是以课时教学目标为依据来确定每个教学环节的要求,每个教学步骤和教学细节都要写清。在每个具体的教学步骤里,不仅要体现教师组织的教学活动,同时还要预测学生参与时可能会出现的各种情况,以及教师应采取怎样的相应对策。教案中还要对课堂练习和课后作业及完整的板书层次性、针对性强的设计部分,教案既要面向全体学生又要对学生的个性培养加以重视,使不同的学生得到不同的发展。

(2)简案,指的是简单教案,与讲课提纲相似,它的结构与详案的结构大体上差不多,但其主要是以课时教学目标为依据来体现教学的基本过程,以纲要的形式把教学内容要点、教学方法、教学步骤等简单写出来，不会展开描述教学过程中的细节内容。

3. 课时教学方案设计的基本要求

通常情况下，一份好的课时教学方案需要教师把自己的思想融入其中，以与所教班级内的学生的特点相符合为标准，这是教师对教学能力、学科知识、学生特点进行充分认识和科学转化的结晶。以此为前提，在设计课时教学方案的同时还要对以下几点进行关注。

（1）内容完整

课时教学方案的内容完整主要表现在整体规范和要素全面两方面。

第一，课时教学方案要整体规范。一份完整的教案包括多方面内容，尤其是其课题、教学目标、教学方法、教学重点难点、教学过程及板书设计更是无法缺少。设计教案的时候务必要顾及全面。有的教案设计时只有教学过程，只对单纯的教学内容组织和编排，这显然是不符合规范的。还有的教案只是汇集了一些要点，仅仅写了教学内容，也就是"要教什么"，却并没有设计教学方法和教学策略，也就是"怎么去教"，更没有学习过程及学习方法，即"如何学"，这些都是远远不够的。

第二，课时教学方案要素要全面。课时教学方案的组成要素有很多，要系统全面地设计其中的每一个要素。例如，教学目标，不能只有知识或能力目标，应该是三维目标的统一。

（2）科学准确

课时教学方案的科学准确主要表现在以下三个方面。

第一，目标定位准确。目标定位不仅要体现三维目标的要求，而且每一个目标的设计都要充分体现学科特点，要以学科课程标准及教材的要求为依据，并且还要与学生的实际相符合，通过这样，才能使目标真正切实可行。

第二，内容科学无误。思想品德学科的教学内容是马克思主义基本理论、相关社会科学的基础知识和社会生活的基本规范。毋庸置疑，这些学科知识本身是科学无误的。但是为了使这些内容与学生的认识规律和接受能力相适应，教师在进行课时教学方案设计的时候，通常需要对其进行加工处理，尤其会把一些时代化、生活化的内容加进去。在进行加工处理的过程中，一定要确保内容的科学性和准确性，一些非科学、违背原则的内容是决不允许被引入教学方案中的。

第三，材料真实可靠。在进行思想品德学科课时教学方案设计时往往会涉及一些材料，来说明学科知识和观点。所选用的材料要真实可靠，要体现出现实生活，一定不能在教学方案中使用道听途说的材料。材料只有真实可靠，才有说服力,才能达到好的教学效果。

(3)加工创造

课时教学方案设计要以加工创造为基础,体现自己思想的同时还要体现出一定的新意。课时教学方案是在钻研教材、设立目标、制定策略等一系列操作后反复斟酌设计而成的,它既要与整个设计的过程与结果相符,又要在行文时进行再思考、再创造。绝不可以图省事而把别人的教案或参考书上的教案直接照搬上来。现在市面上公开出版的优秀教案或各种类型的教学参考书不少,名家们讲得头头是道,句句在理,有的教师为了方便省事也就照搬照抄。在进行课时教学方案的设计时,我们鼓励学习和借鉴,广泛阅读,博采众长,这是教师成长的重要基础;但我们对简单的照搬照抄坚决反对,在学习他人长处的同时,应该有自己的教学个性和风格,设计出的课时教学方案应该有自己的特色。

第二节　中小学思想品德教学导入设计

导入设计在思想品德教学中具有非常重要的意义。导入像桥梁一样,联系着旧课和新课;导入像序幕,显示后面的高潮和结局;导入像路标,引导学生的思维方向;导入又像一支乐曲的前奏,定下了整个乐章的基调,它为一堂课的成功铺垫基石。

一、教学导入设计的重要性

精彩的导入才会吸引学生,使整个课堂气氛活跃起来,既能充分发挥教学导入的功能,又为课堂教学的顺利进行奠定良好的基础。因此,教学导入的精心设计,对教学具有十分重要的意义。

(一)有利于教学导入的功能有效发挥

教学导入的功能表现在许多方面,包括集中注意力、激发兴趣、明确目标、联结知识、沟通情感等。但是要想使这些功能全部发挥作用,它的前提是必须巧妙设计和恰当运用教学导入。只有教学导入的设计合理,才能使它应有的功能得以落实和发挥。

比如,教学导入具有联结知识的功能和承上启下的作用,它既是前面教学的延伸,也是与新课衔接的"桥梁",使新知识与旧知识结合,它不仅为学习新知识奠定基础,而且对学生知识系统化起了促进作用。如果教学导入设计没有关注知识之间的联系,那么它联结知识的功能也就无法体现。

(二)有利于教学活动的顺利进行

教学活动是由多方面的基本要素组成的,具有一定的逻辑历程。巧妙的教学导入能够对教学活动的基本要素和逻辑历程产生积极的作用,保障教学活动的顺利进行。

教学活动的基本要素主要包括教师、学生、教材、教学物质条件等。巧妙的教学导入会深深影响学生的这一教学活动的基本因素,保障教学的有序进行。比如,学生进行学习活动的前提条件是要引起注意,"注意"是人的心理活动指向或集中在一定的对象上。每一堂课对于学生来说都是一个新的开始,每堂课学习的内容也不相同。有时学生在上课前可能正在参与各种各样的课间活动,刚上课时兴奋点可能还沉浸在课间休息的活动中,不能集中注意力。这时要采用新颖别致的导入,才能使学生的注意力从娱乐活动中转移到课堂和新知识的学习中来,做好新的学习任务的准备。

在课堂教学中,教学需要有一个"良好的开端",让学生一开始就产生学习欲望,也给后面的教学环节起到铺垫的作用,促进教学活动的良好开展。

(三)有利于教学效率和质量的提高

教学导入是课堂教学的起始环节,当它的功能得到有效发挥时,就会影响教学活动的方方面面,进而使教学效果也会受到影响。一般来说,设计精彩的教学导入,会促进学生产生浓厚的兴趣和强烈的学习动机,可以让他们主动、自觉地投入到学习中去,让他们成为主动地"我要学",而不是被动地"要我学";精彩的导入还可以激发学生的情感,使学生与教师的交流气氛变得和谐愉悦,达到情感相通、心理相融的境界,师生对学习内容共同探讨,获得亲身的学习体验;教学导入还可以使学生预先明确学习目标,对学习的方向有整体的把握,使自己的行为自觉地与目标靠近,对自己的学习活动有意识地控制和调节,等等。这些对教学效率的提高都有促进作用,从而提升教学质量。

二、思想品德教学导入的要求

(一)展示学习目标

巴班斯基说过"耗费最少的时间和精力而收到最佳的效果"①,好的导入就能达到这样的目的。导入主要有两方面的作用:一方面是在全课中起到提纲挈领的作用,在全课教材中处于统领地位;另一方面明确地向学生展示学习目标,让学生对本节课要学习的内容有大致的了解,激发学生强烈的求知欲,调动学生学习的主动性和积极性,为上好这节课打下坚实的基础。

(二)激发学习动机

激发学习动机是指启发学生的头脑,让其转动起来。启动学生头脑的动力源有两个:一是问题探索;二是产生兴趣,对进一步学习和探索有强烈的欲望。导入环节的激起动机就是教师根据已创设的情境,通过提问题的形式,激发学生的兴趣和对未知的探索欲望。疑问、矛盾、问题是思维的"启发剂",它能把学生潜伏状态的求知欲转为活跃状态,对调动学生思维的积极性和主动性十分有利。

(三)提升学习情趣

德国教育家第斯多惠认为,教学艺术不在于传授,而在于激励、唤醒、鼓励。在导入设计时,主要在"趣"字上下功夫,启发引导。导入环节要设计得巧妙、活泼、趣味性高,让学生产生想学、爱学的欲望,并使他们能学有所获。

(四)创新导入方法

以每堂课教学的具体情况和学生实际为依据,使用新颖、多种多样、不拘一格的导入形式,使之与学生的年龄特征相符合,这样更便于学生理解和接受。要有新颖的材料、新奇的角度、新异的方法。导入可以是预先设计好的,也可以根据特定的教学环境和突发事件临时生成。

---

① 巴班斯基.教学过程最优化——一般教学论方面[M].张定璋,等译.北京:人民教育出版社,2007.

（五）简化导入内容

导入只是话题的引入,不是对本节课主要内容的讲授,因此,在设计导入语时一定要简洁、明快,不能庞杂烦琐,拖泥带水,占用太多课堂的教学时间。导入的时间一般设置在 2～5 分钟为宜。

三、思想品德教学导入的方法

教学有法,但无定法,教学导入也是这样的。根据教学内容的不同,教师的素质和个性的不同,设计的导入方法也不同。教师在教学导入设计中要把握各种不同的导入方法,并对其灵活运用。

（一）以旧引新,衔接导入

教学内容属于一个有机的整体,在新旧知识之间常常存在一种内在的联系。教师可以以知识之间的逻辑联系为依据,把新旧知识的联结点找出来,通过旧知识引出新知识,以此来设计教学的导入。这是一种简单易行的教学导入设计的方法,也是最常见的一种常规教学导入设计。这种教学导入方法,对于学生巩固已学知识非常有利,它可以让学生把新旧知识联系起来,使知识体系系统化,还可以让教师循序渐进地开展教学。

以新旧知识的联系为基点来设计教学导入时,有以下两点需要注意。

第一,对旧知识的选择要精准,使新旧知识有效连接起来。通过复习旧知识的方法来导入新课,首先选择的旧知识必须与即将学习的新知识有着内在联系。需要强调的是,这些旧知识并非仅指前一节课学习的知识,而是学生以前学到的知识。在选择旧知识时一定要与即将学习的新知识之间存在密切的内在联系,在教学中通过复习旧知识,来获取与新知识的连接点,以激发学生积极主动地去获取新知识的兴趣,产生探求新知识的强烈愿望。

第二,搭建旧知识与新知识之间的桥梁,铺建旧知识通向新知识的道路。既然是以新旧知识的联系为基点进行教学导入的设计,最重要的是对新旧知识的联系加以关注,以旧引新,铺路搭桥。一般来说,我们可以通过复习、设问等手段来进行导入。一方面,通过对旧知识有针对性地复习,可以为学习新知识做好铺垫;另一方面,以巧妙的设问等方式来设置难点和疑问,让学生的思维暂时出现困惑或阻碍,以此来激发学生思维的积极性,使新课学习的引入顺利进行。当然,如何确定新旧知识的连接点? 怎样连接? 即新旧知识连接点和具体连接方式的确定,必须要对教材认真分析和对学生深入了解后才能确定。

（二）以疑激思，设疑导入

教学导入的目的是引导学生学习新知识，激发学生学习新知识的兴趣，提升学生对新知识进行探究的欲望。激发学生学习和探究欲望的具体方法有很多，最有效的方法就是设置疑问。古人云，"学起于思，思源于疑"，"学贵有疑，小疑则小进，大疑则大进"。这就是说疑是学习的起点，有疑才有问、有思、有究，才有所得。

学生探究知识的过程，是在他们本身的"生疑—质疑—释疑"的矛盾运动中进行的。因此，在设置问题时要注意耐人寻味、诱人思考、富有挑战性等特点，这样才能激发学生的好奇心和求知欲，使学生产生回忆、联想、思考，从而促使学习和探究欲望的生成，设置这类问题是教学导入设计中常常运用的方法。

教学导入中的疑问设置也很有讲究。一般来说，要注意做到以下几点：第一，抓住疑点，巧妙设疑。要以教材的关键、重点和难点为依据，从新的角度巧妙设问。此外，设置疑点时要注意难度，要能使学生暂时处于困惑状态。第二，以疑激思，善问善导。设疑质疑还只是激疑导入法的第一步，更重要的是要以此激发学生的思维，把学生的思维尽快启动并活跃起来。所以，教师必须对一些提问的技巧了如指掌，并善于引导学生，使他们学会思考和解决问题。

（三）以景激情，情感导入

思想品德学科教学要关注情感态度与价值观目标，学生思想品德和思想品德素质的发展也是一个知、情、意、行逐步提升的过程。因此，思想品德学科教学设计需要特别关注学生的情感体验，唤起学生情感上的共鸣，使学生受到潜移默化的教育。在进行教学导入设计时，可以通过语言、活动、音乐、影视、绘画等各种手段，努力创作成一种符合教学需要的情境，使其能够渲染课堂气氛，使学生在感受和情境体验中激发学习兴趣，诱发思维想象，进入学习新知识阶段。

通过激发学生的情感体验来设计教学导入，有以下两点需要注意。

第一，加强情境创设。对学生情感的激发，常常需要一定的教学情境来辅助，因此，教师必须精心组织、巧妙构思教学内容，创设出能够激发学生情感体验的良好的教学情境。

第二，正确引导，启迪思维。创设情境的主要目的是给学生一种提示和启发，让学生在体验的环境、联想的基点、思维的空间中发展。但是，有时情境本身还不能使人引发联想和使人深思，也有可能是内涵比较隐蔽的原因，使学生联想不到或思维受到限制，这时就需要教师的启发和引导。

（四）以例启思，举例导入

学生主要是通过书本知识来学习的，对于学生来说，书本中的知识有的比较抽象和概括，难以理解。因此，在进行教学时，可以从生活中选取一些生动形象的典型事例进行引入和佐证，把抽象的知识具体化，使深奥的道理通俗化，这样不仅可以激发学生的兴趣，而且还与学生的认知规律相符合，对于学生从感性到理性的认知非常有利，使学生对知识的理解变得生动具体。特别是新近发生的国内外的一些具有新鲜、真实等的特点的重大热点事件，这些事件感染力强，容易引起学生的共鸣。在思想品德学科教学导入设计时，还可以引用一些与教学内容有关的典型事例，如故事、童话、生活中的典型实例等，以便引起学生的兴趣，启迪学生的思维，从而把新课引出来，这样学生就会自觉进入新知识的学习状态。

在以典型事例分析为基点设计教学导入时，最关键的是对典型事例的选择。能够说明思想品德学科有关知识和观点的事例有很多，对于事例的选择标准是什么呢？一般而言，教学事例的选择要坚持以下基本原则。

第一，科学性原则。事例必须尊重客观事实，具有科学依据，内容要真实性，比喻要恰当，用词要合理，表达完整准确。一定不要有无中生有、道听途说、捕风捉影的事例，或生编硬造、哗众取宠的事例。无论大事小事，都要确有其事，也不能任意夸大或缩小。只有科学准确的事例，才能由"实"达"信"，才会具有说服力和证明力。

第二，思想性原则。所选的事例不仅要针对观点，还要能教育学生。这样才能够使学生勤奋向上，对学生良好的思想道德素质的养成具有促进作用。一定不要举那些低级庸俗的事例，以免因选用不当的事例而对学生的健康成长带来消极影响。

第三，典型性原则。所选用的事例要对即将引出或说明的观点具有针对性，能够集中地反映和揭示事物的本质。

第四，启发性原则。借助事例导入的目的是引出和说明理论观点，因此必须寓理于例，事例中必须蕴涵深刻的道理，才能够对学生的思维具有启发作用，引导学生深入思考有关的问题。

第五，趣味性原则。在选择事例时要以具体、形象、生动为标准，吸引力较强才能够激发学生的兴趣和求知欲望。

第六，时代性原则。导入所选用的事例，从时间上讲，要具有时代特色，与现实生活相联系；从空间上讲，要与学生的学习和生活相接近，与学生的实际特征相符合。

（五）教具演示，直观导入

直观教具的特点是生动形象、具体感性，它的作用表现在很多方面，比如吸引学生的注意力、激发学生的学习动机、培养学生的学习兴趣，发挥学生的想象力、培养学生的观察力、帮助学生理解抽象知识等都有很大帮助。因此，在进行教学导入设计时，要借助一定的实物、模型、图表等直观教具的演示，引导学生观察，使之顺利过渡到新课的学习。

以直观演示的形式进行教学导入设计时应当注意以下两个方面。

第一，明确目的。直观演示的目的是新课的导入学习，因此，演示的内容必须与教学的需要相符，密切联系教学内容，并能为新课教学服务。

第二，加强引导。在直观演示过程中，学生在进行观察时，教师要给予引导，使学生注意事物的主要特征、主要方面或事物的发展过程；同时，要针对演示对学生提出问题，使学生处于积极思考的状态，并要抓准引入新课的时机。

教学导入设计方法除了上述的情况以外，还可以以诗词、名言、漫画等形式设计教学导入，也可以以直接点题的形式进行教学导入等。总之，教学导入设计的方法有很多种，只要我们在教学实践中勇于探索，大胆创新，精心构思，许多新颖实用的导入方式都能被设计出来。无论导入方式设计成什么样，只要能激发学生的学习兴趣，使学生的注意力集中，对学生积极思维起到引导作用，恰当引入新课的学习，都是成功的导入设计。

四、思想品德教学导入设计的基本要求

（一）针对性

课堂教学的目的性很强，在设计教学导入时必须有明确的目的，有很强的针对性。

首先，针对的是教学目标和教学内容。在课堂教学中，导入作为教学的开头，它主要是把学生的思路带入一个新的知识情境中，使学生在认识上产生学习新内容的需要，为新知识的教学打开思路，做好铺垫。从导入本身来看，"导"起辅助作用，"入"才是根本。导入主要考虑教学要达成的目标，服从教学内容的全局。因此，设计教学导入时要以教学目标和教学内容为依据，把握教学内容的重点、难点和关键，能够针对教学主题，把新知识迅速引入课堂教学中。一定不要只追求形式而偏离主题。

其次,针对的是学生实际。不同的教学对象,他们的特点也不同,在设计新课导入时要根据学生的年龄层次、知识基础、学习心理、兴趣爱好等特征来进行,做到有的放矢,学生的思维定向才会正确,兴趣才能高涨。例如,初中生往往感性多于理性,形象思维强于抽象思维,在设计教学导入时,要多选与主题相关的故事、寓言、活动等;而高中生渐渐进入理性阶段,抽象思维能力变强,设计导入时可以多从联想类比、启发谈话、设置疑难入手。

(二)新颖性

由心理学研究表明,让学生耳目一新的"新异刺激",对学生的感知态度具有很大的强化作用,可以吸引学生的注意指向。教学导入的主要作用是使学生注意力集中,激发学生学习兴趣。所以,教学导入必须设计新颖,能够吸引学生的注意力。这种新颖性可以在以下三个方面体现。

第一,材料新。教学导入会使用到一些相关的材料,在选择材料时主要对时效性要求严格,要与时代步伐同步,运用出现在社会生活中的、又密切联系教学内容的新材料来设计教学导入。

第二,角度新。在设计教学导入时也会选用一些学生比较熟悉的材料,对这些材料要从新的角度进行分析,引起学生的新奇感。

第三,方法新。教学导入有很多种方法,教学中要注意时时更新,也可以把多种方式配合交叉运用,不能只使用一种方式。否则,就会变得平淡无奇,不能引起学生的学习兴趣,难以起到引人入胜的作用。

(三)启发性

课堂教学成功的关键是要有积极的思维活动,所以教师在上课开始阶段就要运用启发性导入来调动学生的积极思维,使学生对新知识、新内容探求的欲望增强。启发性其实是启发学生的思维活动,而思维活动往往紧密联系着问题,它始于问题,又深入问题。因此,教师在设计教学导入时,要擅长制造疑问和设置问题,还要留给学生适当的思维空间和想象余地,激发学生解决问题的强烈愿望,调动学生积极的思维活动,让他们对新的教学内容能够更好地理解。

(四)趣味性

"知之者不如好之者,好之者不如乐之者"。教学导入设计只有对趣味性足够重视,才能更好地调动学生的学习兴趣,使学生对所要学习的知识"好之""乐之"。趣味的本质是情趣和意味,趣味性导入的特点主要包括两个方面。

第一,充满情趣。导入具有趣味性主要作用表现在:能够在很大程度上吸引学生,能引起学生注意,使课堂教学的气氛变得活跃,师生间的交流变得流畅。所学的内容能引起学生的兴趣,就会使学生表现出主动、积极的心理倾向,轻松愉快地学习,学习效率自然会提高。

第二,富有意味。趣味性并不是说充满笑声、气氛活跃,而是对学生的思维能够进一步启迪,使学生引发联想,对学生探求有关的道理进行引导。因此,教学导入仅有情趣是不够的,还要富有意味,学生活跃之后,还要引导他们深入思考,这才能达到趣味性教学导入的教学效果。

(五)简洁性

教学导入的目的只是要引入课题,它不是课堂教学的主体过程。因此,教学导入设计要力求简洁明了,内容精简,要用最少的话语、最短的时间,迅速而巧妙地转入正题,把学生的注意力吸引到新课学习上来。

第三节 中小学思想品德教学提问设计

提问在教学的各个环节上都可以发生,它在教与学、师与生之间起中介作用。学习者的认知在提问下出现了内在的不平衡,冲突和矛盾也出现在新旧知识之间、理论与实践之间、现象与本质之间。提问对学生主动或被动地发现新知识、发展智慧、形成能力起到了促进作用。可以说,作为教学中最活跃、最生动的部分,提问是推动教学活动持续发展、促进师生交往互动的动力。

一、思想品德教学提问的功能

提问是为了完成一定的教学任务、达成一定的教学目标而采取的一种教学行为方式。在教师的一系列行为中,构成了组织、激发和反应三个方面的活动,而处于中心地位的是"激发"或"提问"。鲍里奇认为,在提问中,所提的问题必须是能够引起学生的积极回答,并且能积极参与学习过程的问题。任何口头的说法甚至手势,只要能引起学生的回应或回答,就是问题;如果这种回应或回答可以促使学生更积极地参与学习过程,那么,这种问题就是有效的问题。

思想品德教学提问的功能主要有以下几个方面的表现。

1. 集中注意,激发兴趣

提问能把学生带到特定的问题情境中,使学生的心理状态进入思考问题、探索问题、解决问题中,把注意力集中到当前的学习内容上来。提问能引起学生探寻知识的好奇心和求知欲,激活学生的学习动机,产生解决问题的自觉意向,对学生主动积极的思维具有促进作用。

2. 学思结合,发展智力

"学而不思则罔,思而不学则殆"。提问可以促进"学"与"思"之间的相互作用、紧密结合。只有通过提问,学生才能形成思考的习惯,才能逐步掌握科学思维的方法,才能不断提高智力水平。只有通过思考问题,才能使学生的理解、运用、分析、综合、比较、抽象、概括的思维能力得到训练和发展。在回答问题过程中,才能提高学生获取信息的能力、组织信息的能力、表达能力和交际能力等。

3. 突破重点,化解难点

在思想品德教学中,要设计好关键问题或主要问题,揭示出事物的内在联系和矛盾冲突,使新旧知识有效对接,把学生现有的知识储备和认知能力调动起来去学习新的内容,为自己的知识体系纳入新知识,逐步构建新的知识框架,从而突破教学重点,化解教学难点。

4. 了解学情,检验效果

教师以提问的形式可以了解学生的认知状态,检查学生知识和技能掌握的情况,起到温故知新的作用。提问还可以反馈教学效果,纠正学习中的缺陷和不正确的思路,发现问题并及时调整教学进程,改进教学方法,提高教学质量。

5. 促进交流,活跃气氛

提问的主要形式是师生双方频繁往复的思维活动,这种动态的活动对教学双方的沟通、师生感情的增进、课堂气氛的活跃十分有益,它还可以促进课堂教学和谐和民主氛围的形成。学生的主体性、主动性、自主性和自觉性得到充分的发展,教师设计教学、调控课堂的主导作用也可以充分发挥出来。

二、思想品德教学提问的类型

(一)问题的基本形式

鲍里奇认为,问题的有效性不仅仅在于词句,也可以体现在音调的变化、重读、词的选择及问题的语境中。提问的方式有很多,每种方式都能决定学生是否把它理解为一个问题,会把它理解成一个什么样的问题。提问的主要特征是发出问题,通常由一个或几个相关的问题组成。问题都含有三个基本成分:给定(即关于问题条件的描述)、目标(即问题要求的答案或目标状态)、障碍(即必须通过一定的思维活动才能找到答案而达到目标状态)。

问题的表达对思维要有启迪作用,要具有探索、研究、求证、发现的乐趣性。问题的设置要明确清楚、简明易懂、难易适度。问题的目的不是问倒学生,而是让学生独立思考和回答,不要急于揭示答案。

所有问题都可以归为四大类:是什么、为什么、怎么做、怎么样。

(1)"是什么"一般用于对知识水平的提问中。如:"糖是甜的吗?""什么是道德?"

(2)"为什么"一般用在理解和分析说明的提问中。如:"糖为什么甜?""人为什么要有道德?"

(3)"怎么做"一般用在应用水平和综合水平的提问中。如:"在食品制造中,糖能起什么作用""怎样才能成为一个有道德的人?"

(4)"怎么样"一般用在评价水平的提问中。如:"吃糖对人体有利还是有害?""这种做法,是体现了善,还是体现了恶?"

是什么、为什么、怎么做、怎么样,反映了问题递进的层次。这种由浅入深、层层深入形成的"问题链",遵循了教学的层次目标和学生思维发展的客观规律,对学生思维能力的培养十分有利。

(二)提问的基本类型

1.提醒式

提醒式提问主要是为了提醒注意、提示要点、提供佐证,调动学生的注意力、兴奋点,使他们迅速进入问题情境,开展思维活动。这种提问一般用在导入环节和补充提问当中。

2.诱导式

诱导式提问是以提问的形式调动学生的原有知识和思维能力,探索新知识的过程。初中思想品德课程中的道德、心理健康、法律和国情知识之间不是孤立的,它们之间是纵横交错、相互关联的。高中思想政治课程各个模块之间、前后知识之间的关联性也十分密切。以这些关联为提问的契机,就会引起学生的联想和积极思考,诱发学生对新知识探索的欲望。

3. 探索式

探索式提问是逻辑严密的思维过程,因此它对训练和提高学生的逻辑思维能力有直接作用。富有探索性、研究性、讨论性的提问对于培养学生的发散思维、逆向思维、创新思维具有重要作用。这类提问答案不是唯一的,思路也可以有多种,而且还可以要求学生举一反三,鼓励学生大胆回答,标新立异,提倡有独到见解和独立观点。

4. 判断式

判断式提问是教师为了让学生加深对知识点的掌握,用"是"还是"否","对"还是"错"等提问方式对知识进行确认,使学生对知识的辨别能力提高。

5. 疏导式

当学习内容难度偏大,会使学生思维活动受到障碍,甚至停滞思维时,教师可以采用旁敲侧击、广征博引的方法,以提问的形式,引导学生在当前问题与原有知识之间建立起有意义的联系,促进思维活动的流畅运转。

6. 反问式

反问式提问是在学生提出问题之后,老师不直接给予学生正确答案,引导学生深入思考,通过提示性反问,或旁敲侧击,或从认识的两极提出问题,引发学生积极思维,找出正确答案。

7. 迁移式

在思想品德教学中,当教学内容已经向下一个步骤过渡,但学生的思维方式可能仍然停留在原先的状态,难以进入对新知识学习中;学生即使对知识已经理解、掌握了,但由知识向能力的转化也会遇到障碍。为促成学生思维的转化和能力的迁移,教师可以采用迁移式提问。

8. 反诘式

在反诘式提问中,通过对问题的追问、责问形式,来深入地解释问题。如苏格拉底在求教一个路人关于"什么是有道德"时,路人回答:"忠诚老实,不欺骗别人,才是有道德的。"苏格拉底又问:"但为什么和敌人作战时,我军将领却千方百计地去欺骗敌人呢?"路人回答:"欺骗敌人是符合道德的,但欺骗自己人就不道德了。"苏格拉底反驳道:"当我军被敌军包围时,将领欺骗士兵说,我们的援军已经到了,大家奋力突围出去,结果突围果然成功了。这种欺骗自己人也不道德吗?"反诘式提问通过寻找答案中的矛盾,破解矛盾,使问题得到更合理的解释。苏格拉底就是以不断反诘的提问形式,使答案逐步接近绝对真理的。

(三)问题的呈现形式

1. 不同层次的问题

在思想品德教学提问设计中,教师应当以学生的思维能力和知识的掌握情况为依据,提出不同层次的问题,对问题和问题之间的坡度和深度要尤其注意,问题设置要由易到难,循序渐进。

2. 封闭性问题和开放性问题

在提问设计中,封闭性问题是将答案限定在一个或几个答案之内的问题。封闭性问题是学习者已经了解或知道答案,只需要回忆某些知识点即可。开放性的问题没有固定的标准答案,有的问题可能是暂时不能得出答案,甚至是一个千古之谜。开放性的问题需要学生拓展自己的思维和已有的知识,在各种可能性答案中,找出一个或几个相对正确的答案。

3. 真问题与假问题

真实的课堂、有效的教学,应该生成真问题,而不是假问题。什么是真问题?依据事实和逻辑所提出的问题就是真问题。为教学目标的实现而设计的问题,被叫作有效问题,也是真问题。如果问题不具有张力,偏于非此即彼的回答,甚至教师在提出问题的时候,学生不费吹灰之力就可以异口同声地给出答案,这样的问题就是无效的问题,因而是假问题。如果教师提出的问题让全部学生无法回答,这类问题也属于假问题。

4. 问题设计的预设与生成

在预设问题时,问什么? 什么时候问? 问谁? 用何种方法问? 这些都是教师在教学设计中需要思考的,并需要清楚地写在教学设计方案中。在课堂教学实施中,这样的问题能更有效地完成教学目标。

生成的问题是在课堂教学过程中即时发生的,因此这样的问题往往更具有开放性和真实性,能更好地促进学生的思维方式的训练,也能促进学生学会学习。在生成问题和解决这些问题的过程中,也能更好地锻炼教师的教育智慧。

三、思想品德教学提问的策略

1. 围绕目标,精心设计

教师在课堂上,提什么问题,提问的方式是什么,问题提出后学生会怎样回答,这些都应当以课程教学目标为标准而设计。提出问题不是为了把学生难倒,而是为了使课程教学目标能有效实现。

2. 科学有序,难易适度

教师提出的问题,表述要清楚、明确,应当在学生能够听懂,并经过思考能够理解的范围内。问题过于深奥或过于肤浅,都不利于激起学生的学习兴趣和对问题的回答。

3. 循循善诱,启发思维

提问是启发式教学的重要工具。在启发过程中,有可能启而不发,这就要求教师改变提问的方式,调整问题的深浅,耐心引导,开拓学生的思路,使学生逐步接近问题的实质,找出正确的答案。当问题的难度太大或问题太深,学生一时难以回答,教师就有必要对问题做出适当的分解、提示或解释,起到引导者的作用。

4. 鼓励为主,正确评价

学生回答问题后,教师应给予及时的判断和评价,确认回答是否正确、思路和方法是否科学、态度是否积极。对学生的回答给予相应的指导,纠正错误的回答,巩固、强调正确的回答。问题的评价以肯定为主。用激将、分解、留尾、搭桥、指路、迁移、直观和示意等方法,都可以起到鼓励和引导学生回答问题的作用。

5. 面向全体,因材施教

教师在教学过程中,特别是提问过程中,关注学生之间的差别,对不同的学生采用不同的提问方式和提问的内容。有经验的教师会在课堂上事先与学生们约定,如果答得出问题,就举右手;如果这个问题不懂,就举左手。这既是一种教育智慧,也尊重了每一位学生。

6. 掌握时机,适当停顿

在教学过程中,当教师的问题发出后,要给学生留有思考问题的时间,要稍做停顿。言语的停顿并不等于表情、态度和身体语言的呆板,善于提问的教师此时总会通过表情、手势等各种非言语方式激励学生积极思维、大胆发言。

第六章　中小学思想品德教学设计的呈现方式

　　教学设计主要是指教师在学科教学活动之前,对要教什么、要学什么和如何进行教学(包括传媒的应用、教学的组织、教学的方式等)及需要达到一个什么样的结果所进行的系统决策和规划。这种决策和规划活动一般是在教学设计者的大脑内部来完成的。如果设计者不通过一些方式方法来展现,别人是没有办法明白设计者是怎么来安排和设计教学目标、教学方法、教学内容、教学过程和教学评价的。由此可见,教学设计活动本身就有一种内隐的特征。教学设计主要服务于教学活动,所以这种在设计者大脑中进行的统筹和策划活动的教学设计,往往需要通过一定的表达方式来呈现,以此发挥其对于教学活动的指导作用。

　　教学设计的呈现形式,指的是能表现设计者教学设计活动的表达方式。我们可以通过这些呈现方式,对设计者教学设计的意图、思路,以及教学目标、教学方法、教学内容、教学过程和教学评价等来展开设计和安排,从而有一个深入的、全面的认识和把握。

第一节　中小学思想品德教学设计的行为呈现方式

　　教学设计的行为呈现方式一般包括两方面内容,一个是教学活动,另一个是说课活动。

一、思想品德学科的教学活动

(一)教学活动的概念

教学活动主要是指学生在教师有计划、有目的和有组织的指导下,通过积极、自觉地学习并掌握系统的、完整的科学文化基础知识和基本技能,从而促进其自身全面发展的一项实践活动。教学活动属于一个完整的教学系统,它是由多个互相有关系的要素及前后衔接的环节组成的。在教学活动中,教师、学生、教学目标、教学方法、教学内容、教学环境、教学设备和手段等要素之间都有互相制约的关系。教学目标是教学活动的出发点,同时它也是教学活动的落脚点,它对教学内容的选择和编排有着直接的影响;教学活动的主体是教师和学生,在确定了教学目标和教学内容之后,这在一定程度上就使教师和学生对教学方法、教学环境、教学手段的选择和利用有了明确的依据,同时对教学的成败也起了决定性的作用。

(二)教学活动与教学设计的关系

在教学活动中,对于制定教学目标、教学目的,选择教学内容、教学手段、教学方法和如何利用教学环境,安排整个教学活动过程中的多个环节和教学顺序(导入、提问、情境、讲授、练习、活动、讨论、板书和小结等),如何实施教学评价方案,这些都需要在教学活动实施以前,通过教师有意识、有针对性地计划和决策。如果没有教师预先计划好的教学设计,就无法进行后续的教学活动,教学设计是教学活动能够进行的前提条件,同时教学活动也体现了教师对教学的计划和安排。所以,教学活动以一种外在表现形式来反映教学设计,我们也可以借助教师的教学行为方式对教师的教学设计意图和思路有一个认识和了解。当然,要深刻地认识和了解设计者的教学设计,还需要听课者运用一种理性思维认真地进行推理、分析、判断及概括教学活动。

通过课堂教学实录的方式可以直接呈现教学活动。课堂教学实录既能真实地记录课堂教学活动过程,也能使课堂教学设计的基本情况从课堂教学过程的真实记录中反映出来。

二、思想品德学科的说课活动

(一)说课活动的概念

说课活动中所说的主要是教学设计的思路和教学设计的理由,说课者通过应用口头语言和相关的辅助手段,把自己内隐在脑海中的教学设计思路及教学设计理由转化为一种外在表现的方式。说课的前提条件就是教学设计,没有教学设计就相当于没有说课。并且,听者也可以从说课的外在表现方式中了解说课者内隐在脑海中的教学设计思路是否清楚明了、教学设计是否适合、有什么需要改进的地方。与教学活动相比,说课更加直接明确地表现了设计者的教学设计思路及教学设计的理由。说课属于教学设计思路和教学设计理由的一种口语表达方式,它的文本表现形式是说课稿或者说案。

(二)思想品德学科说课设计的基本要求

1.说课设计具有系统性

现代教学的本质实际上是师生之间在对话、交流、合作的基础上所进行的文化知识传承和创新,是一种特殊的交往活动。说课这种教学设计的呈现方式,具体需要通过系统的角度来探讨教学理念、教学目标和教学任务,分析教学环境和学生的情况、教学内容和过程、教学的重点难点及教学设计意图等各方面要素,讲明白几个要素之间所存在的联系,与课前设计、实施方案以及课后讲评等各种教学活动进行有机整合。

2.说课设计具有说理性

良好的说课既不是简单地讲读教案,也不是简单压缩教学过程。说课的核心主要在富有理性的述说上,在说明白"为什么要这么教"上。说课中重点强化"为什么要这么教"的教学理念,同时弱化了"怎么教"的教学行为,更加着重阐释了现代教育理论及教学观念。

3.说课设计具有科学性

教学要求教师要以科学理论为指导,通过利用科学的方法来解决教学过程中出现的问题。说课就是要通过很好地运用教育理论知识,根据实际情况来分析学生的思想状况、知识技能、非智力因素及心理特点等多方面的不同,依照教学规律的要求来设计教学目标、教学过程,选择教学内容、教学方法,开发并充分利用教学资源,分析处理教材及设计板书、斟酌语言等,从而使教学设计更富有科学性,更加完善合理。

4. 说课设计具有逻辑性

优秀的说课条理清晰,逻辑清楚,有一条主线贯穿前后,不但有着鲜明的教学观念、清楚明了的学生情况、明确的教学目标、正确的教学内容、突出的重点和难点,而且还有适当的教学方法和手段、清晰的教学过程和层次、合理的教学时间分配以及恰当的板书设计和客观准确的教学评价,这一切形成了一个结构严谨、层次清楚、自然流畅、思路清晰并富有启发性的、完整的、特色鲜明的说课过程。

5. 说课设计具有可行性

说课内容务必要科学合理、客观真实,不能故作艰深、故弄玄虚、生搬硬套一些关于教育教学理论方面的专业术语;要切合实际地反映自己是怎么做的、为何要这么做,以此引起听者的思考,并可以通过相互探讨形成共识,从而进一步完善说课者的教学设计。说课是服务于课堂教学实践的,说课中的任何一个具体环节,都应该具有一定的可操作性。这就要求说课必须要有确切、集中、具体、表述规范的内容。从而能更有效地转化为教学方案,在实际的教学中能具体落实。假如说课只是单纯地为了说而说,那就是纸上谈兵,也就失去了说课的价值和意义。

6. 说课设计具有指导性

对于说课者自身而言,说课是一次学习锻炼的好机会,它可以使说课者进一步完善并提高自己,有助于指导说课者日后努力的方向,并且,对听课者而言,这也是一次不可多得的学习机会,说课可以使听课者深刻认识到自己哪些方面的看法和想法有局限,自己哪些方面还得进一步强化,并可以指导自己在今后的教学设计以及教学工作中能有针对性地改掉缺点。

说案或者说课稿是说课的一种文本表现形式。怎么进行说课,这也就基本上决定了说案和说课稿的基本内容和结构框架。所以,说案和说课稿编写的基本要求也充分体现了思想品德学科说课设计的基本要求。

优秀的说课可以促使听者能积极主动地参与到说课活动中去,在说课活动中受到很好的启发,并通过运用优秀的说课来指导自己的教学设计,从而使自身的教师技能在形成过程中得到提升,同时也促进教师素质的提高。

总而言之,说课设计要做到教学目标清晰明确,设计理念先进,教学思路清楚明了,主次分明,结构合理,说理透彻,虚实有别,详略得当,尤其是"为什么"设计,一定要具体明确。

第二节　中小学思想品德说课稿的编写

一、说课稿的概念与结构

(一)说课稿的概念

说课稿就是为了说课的进行而准备的文稿,即教师在讲课之前、备课之后,把教材、学法、教法和授课程序等这些关于课程方面的思路、板书设计和依据,通过文本的方式表现出来。说课稿的重点是要说明白"为什么要这么教",它也可以被看作是教学设计的一种外在表现形式。

(二)说课稿的结构

现在通用的说课稿结构主要包括五个方面的内容,分别是说教学大纲或者课程标准、说教法和学法、说教材、说教学程序或者教学过程及说学生情况,有的还包括说练习和说板书设计。说课稿的结构方式多种多样,但是无论什么方法,都必须体现三条线索的完整性和连续性,让听课者能感到内容精练、条理清楚明了。这三条线索分别是:第一,知识发展线,也就是课堂主要知识点的传授过程;第二,教师引导线,也就是教法具有连续性,这属于教师活动;第三,学生内化线,也就是学生知识掌握的过程,这属于学生活动。

二、思想品德说课稿的编写

(一)说课稿的编写

1.说清教学设计的理论依据

说课和教学的主要区别就在于找出理论依据,也就是我们所提的说清楚"为什么要这么教"的理由。这个理论依据要到哪里去找,首先是通过思想品德学科的课程标准去寻找教学基本要求及教学指导理念等,以此来确定教学目标、教学内容的依据(课程目标和内容);其次是通过思想品德学科教材及参考书去寻找编排说明和具体要求等,以此引导我们可以掌握好教材的前后联系并确定好课程的具体教学目标,确定好难点和重点;最后可以在教育心理学、教育学和思想品德学科教学论中寻找相关的教学要求、教学原理、教学方法等,并分析和掌握学生的实际情况。这些都能作为我们确定重点和难点、教法和学法的理论依据。

2. 编写说课稿的步骤

(1)简析教材(或课程标准与教材分析)

这其中主要包括:①在课程标准中与本节课教材内容相关的课程目标、理念、要求以及内容;②在整个教材体系中,本节课教材内容的地位、作用及前后之间的联系和对学生学习发展的作用;③本节课教材的主要内容与主要知识体系;④通常从智能目标、知识目标以及德育目标几个方面来确定教学目标;⑤教学的关键、重点和难点确定的理由分析。

(2)阐述教法

教法的问题主要是指教师在熟悉了教材的前提下,如何运用教材引导学生更好地去学习。一般在撰写说课稿时要概括说明:①教法的总体构造和理论依据;②通常使用了哪些教学方法、教学手段和理由;③用到了哪些教具和学具。一堂课可以综合运用几种不同的教法,这样也可以增强教学效果。

(3)指导学法

学法包括学习方法的选择、运用及良好的学习习惯的培养。在制订时应该注意突出地说明:①学法指导的依据及要点;②学法指导的实施路径及具体计划;③教给学生哪些学习方法,培养学生哪些能力,如何激发学生的学习兴趣并调动学生的学习积极性。

(4)概说教学程序(或教学过程)

在编写这些内容的时候应该着重讲明白任一环节安排的基本思路及其所依据的理论,可以把教学过程划分为几个方面来加以说明,如导入、复习、小结、新授知识、反馈矫正、练习、作业等,也可以把主要线索加以提炼说明,还可以把教学过程的设计依照某种系统来加以说明。这个步骤主要包括:①课前预习的准备情况;②教学程序要完整(主要是如何铺垫、新课如何进行、怎样导入、怎样小结、怎样合理支配时间、怎样安排练习设计、怎样运用多媒体辅助教学加大课堂的密度并强化认知效果);③简单明了地说下板书设计和作业布置;④在教学过程中双边活动的组织和调控反馈方法;⑤教学技术手段和教学方法的灵活运用以及学法指导的落实;⑥怎样突出重点、突破难点以及怎样实现各教学环节的目的。

（5）板书设计与说明

板书是课堂教学过程中的一种辅助手段，但却是不可缺少的。板书与教师的口头语言讲授相互补充，相辅相成。优秀的板书会把相对有些复杂抽象的教学内容变得简洁明了，把有些难懂的知识变得更好理解。

合理的板书布局一般是由主体部分和辅助部分这两方面构成的，其中辅助部分又包括两个小部分。具体来讲，就是把整块黑板的板面划分成三部分，在中间的是主要板书栏，大概占整块黑板的五分之三左右，两边作为两个辅助板书栏分别占整块黑板的五分之一左右。板书整体上要少而精，一堂课下来只用到一个版面最好。这样书写出来的板书由于主次清楚，重点突出，在课程结束时，学生便会对课程内容有比较深刻的印象。

以上的这些设计可以根据教师不同的教学风格或者不同的学科来增加或者减少内容，也可以单独列出其中一项进行特别说明，如电化教学的软件制作与设计，根据学科性质，就要说出其制作类型、设计创意、使用顺序、要注意的事项及在教学中的作用等，如果使用已经有了的软件，还要说明软件的出处等。

撰写说课稿不需要拘泥于刻板的、固定的模式。除此之外，在语言表达的时候，把问题表述清楚的同时要避免浮于表面、陈词滥调，尽量做到简明扼要、用词准确。要想把这些都做到，却不是件容易的事，这需要教师在教学设计上多下功夫，努力学习，认真研究。

（二）思想品德学科说课稿的编写标准

目前，思想品德学科说课稿的编写还没有一个完整统一的标准格式，但具有几个方面的共同点：第一，思想品德学科说课稿的设计侧重于教师教的过程，是关于"怎么去教"的讲述稿。第二，说课稿与教案有一定的混淆，在过程部分把怎么"教"说得十分详细，甚至有的教师把说课稿叫作"说课教案"。第三，在说课稿的教学要素设计上缺乏一定的整体性和全面性，设计思路不够清楚，教学设计的表达逻辑也不够严谨。有的说课稿把教学目标放在教材分析中，有的把教材内容等同于教学内容。第四，教学设计思路及其理由不能全面地、准确地表达出来，很多方面受到传统备课思路的影响。所以，说课稿的内容和结构需要进一步的调整和完善。

(三)说课稿编写时应注意的事项

1.说课稿的语言

说课稿所使用的语言应是介绍、陈述性的语言,而不是直接的教学操作性语言。

要有领悟语,注意语言过渡、承上启下、前后呼应。如:"我对这节课教材做如下分析""基于以上分析,本课拟采用如下教学方法"等。

2.重视理论依据的申述

这就是说"为什么"的问题。要以一定的教育教学理论观点作为个人理解教材、处理教法、安排程序设计的依据,使自己所说的课站得住脚。

说课稿的编写一般以下理论作为依据。

(1)教学大纲是教学的主要依据。

(2)学生的实际应成为教师教学的主要考虑对象。

(3)教材和学科特点也是重要的理论根据之一。

(4)教育理论和名家名言也可作为强有力的理论依据。

第三节　中小学思想品德说案的编写

一、说案概述

(一)说案的概念

说案也就是说课的方案,它是教学设计的思路及理由的文本表现形式。教学设计思路主要指的是教师对教学要素的安排以及对教学进行推进的一个总体上的考量。由于教学设计实际上就是一种系统设计,它所涉及的内容有教学目标、教学任务、教学方法、教学手段、教学内容、教学过程、学生情况及教学评价等多个方面,因此说案的内容也应该包括这些因素。同时,一定的教学理念又会影响到教学设计活动,所以教学理念也就成了说案的一个重要组成部分。

(二)说案的结构要素

1.教学理念

教学理念也被称为教学思想,它是对教学的态度、观点和看法。教学理念和课程理念是一致的,思想品德学科的教学理念也就是思想品德学科所倡导的课程理念,说案应该体现正确的教学思想,并把它作为说案的指导思想。在说案中,教学理念都可以通过教学目标设计和教学内容的选择体现出来。

2.教学任务

教学任务也被叫作教学目的或者是一般教学目标,它是教师与学生双方通过教学活动之后,希望学生在行为规范、知识能力、习惯态度、情感价值观等方面的变化可以达到的总体性、方向性的一般结果。在说案中对课堂教学任务描述的时候,应该明确而集中,简单概括即可,不应该模糊零散,详尽啰唆。教学任务通常是以说案的形式来表现。

3.学生情况分析

学情分析是确立教学目标,选择教学内容及其重点、难点和教学方式,安排教学进程的依据,也是对以学生为中心、关注学生发展等教学理念的具体落实。学生情况分析应围绕教学任务来进行,离开教学任务漫无边际地分析学情,有可能使教学设计偏离教学的中心目标。学情分析主要分析学生的年龄特点、学生已有知识经验、学生学习能力、学生的学习态度和学生的情感态度价值观等与教学任务要求之间的差距。

4.教学目标设计

说案应该依次从知识与能力、过程与方法、情感态度价值观三个方面或三个维度来设计与描述教学目标。当然,具体到某一课时的教学设计,并不要求三维目标面面俱到。学生的行为结果要通过一定的教学活动后才能发生变化,一定的教学活动是学生行为变化必不可少的条件。这个目标达成的条件和教学活动中要学习的内容、采用的方法都与教学过程的活动设计应尽量做到一一对应。

5.教学内容分析

教学内容分析的重点是分析教材。但是,教师应该在分析教材的基础上,根据学生的实际情况,对教材进行加工、处理和创新,重新整合与选择教学内容。分析教材应着重分析教材的地位和作用,还要分析教材的结构(内容及其内在联系)、重点、难点、关键及蕴含的思想方法、德育因素等,并分析教材的不足,以及怎样删减、补充、调整、创新教材的内容等。

6.教学的重点和难点

教学的重点和难点,是通过对学生现实情况、发展的需要和教学内容分析来确立的。如果前面几个方面分析清晰、全面、到位,此处可以不必重复设立重点难点的依据。

7.教学方法、手段、课型和时间安排

要根据学生情况和心理特点、教学目标、教学内容、重点难点、说课者的教学风格和教学条件等因素来选择灵活多样、实用恰当的教学方法和教学手段。在说案中要有对指导学生养成良好的学习习惯、培养学生学会科学的思维方法的思考。

教师选择的教学手段主要是传统的教学手段和现代多媒体手段这两大类。大多数课时教学设计的课型是综合课。根据目前教材的编写结构,一个框题的教材内容大致会安排一个课时。

8.教学过程

教学过程是说案的一个重要组成部分。教学过程设计包括三项主要内容:第一,一个课时的教学过程要分成几步或者几个环节进行;第二,每一步分别要开展什么样的活动内容(包括教师及学生的活动);第三,每一步分别要达到什么样的目的或者有什么样的设计意图。

说案应该把教学过程的几个重点环节说清楚,比如学习导入、课题教学或新课学习、常规训练、重点练习、板书设计、作业安排等。特别是要说自己怎样安排教学的活动或环节,为什么要这样安排,这样安排的目的是什么。教学过程设计可以用表格的方式来呈现。

9.教学评价设计

在教学过程结束之后,我们需要通过教学评价来检验学习者是否如教学目标规划的那样,在情感、认知及动作技能等方面产生了变化。通过教学评价方案来检验是否达成教学目标的规划,进而评价教学设计所存在的问题,并提出如何改进等。在对学生的学习评价方案进行设计的时候,要结合教学目标、教学内容、学生的个体差异及学生的学习环境等,设计学生学习效果的评价工具,制订切实可行的评价标准。

二、思想品德学科说案的编写

(一)编写说案的步骤

学生进入学校学习,教师就会依据教学大纲、教材等制订课程教学计划,规定指出学生在完成一项或多项学习活动后所应习得的具体行为,在教师的带领下按部就班进行学习。而说案则是学生根据教师所提供的一个框架、一些材料、一个课题或一个具体场景,学生自行制定适合自身的学习方案,写出目标措施等,但根本区别在于学生要根据自行制定的学习方案,体验完成学习目标的过程及种种际遇,以实现学习中具有个人意义的个性表现。

教案是教师备课过程的总结,是教学的操作性方案,它重在设定教师在教学中的具体内容和行为。说案虽然也包括教案中的精要部分,说案的编写多以教案为蓝本,但更重要的是要体现说课者的教学思想、教学设计意图和理论依据。一般情况下,编写说案包括以下步骤。

(1)明确教材设计意图

根据教材内容分析教材设计意图,并创设要学习的主题。主题的创设要以学生的实际情况为出发点,使学生能够通过教师的指导下掌握学习的过程和方法,从而达到教学目的。

(2)确定教学目标

教学目标的确定是要使学生了解所学习的主题及其特点,并使学生掌握学习主题的训练方法。

(3)找出难点与重点

通过训练方法找出学习主题的重点和难点。

(4)确定教学内容构成

教学内容的构成有多种形式,可以把学习主题分为几个小部分,并明确标出每个部分需要通过哪种方式,达到哪种目的。

(5)合理安排教学过程

教学过程是实现主题的重要环节,在实施过程中主要包括:①教学准备;②教学导入方法;③教学探究活动;④教学中需要注意的问题;⑤教学评价。

说案实际上就是教学设计的简略预案,教学设计还应该在说案基础上进一步修改和完善。

(二)思想品德学科说案与说课稿的区别

思想品德学科说案与说课稿主要有两方面的区别。一方面,思想品德学科说案有明确的新课程教学理念的指导,所以其教学任务十分明确,它的知识目标、能力和情感目标的顺序及表述都符合课程性质,充分体现了学生的主体地位。另一方面,思想品德学科说案的教学设计思路与说课稿相比更加全面清晰,充分地说明了教案与说案的不同之处,并明确表达了每一个环节的设计意图。因此,思想品德学科说案比说课稿更能把教学及教学设计的思路完整地、清晰地呈现出来,为教师有效开展教学活动进行了课前的总体规划,为教学活动的有效实施奠定了坚实的基础。

综上所述,教学设计的呈现方式多种多样,它们各有其不同的特点。至于用什么方式来表达自己的教学设计,没有统一的固定模式,我们可以根据不同的具体情况灵活处理。

参考文献

[1]陈宗杰.有效教学——初中思想品德教学中的问题与对策[M].长春:东北师范大学出版社,2007.

[2]方晓波.品德与生活课程标准教师读本[M].武汉:华中师范大学出版社,2002.

[3]顾建军.小学综合实践活动设计[M].北京:高等教育出版社,2005.

[4]黄峰,雷雳.初中生心理[M].杭州:浙江教育出版社,1998.

[5]黄甫全,王本陆.现代教学论学程[M].北京:教育科学出版社,1998.

[6]韩震.思想品德课程标准解读[M].北京:北京师范大学出版社,2003.

[7]何克抗,等.现代教学设计[M].北京:高等教育出版社,2006.

[8]胡田庚.中学思想政治教学设计与案例研究[M].北京:科学出版社,2012.

[9]中华人民共和国教育部.全日制义务教育品德与生活课程标准(实验稿)[M].北京:北京师范大学出版社,2002.

[10]邝丽湛.思想政治(品德)课教学模式[M].广州:广东高等教育出版社,2006.

[11]邝丽湛.思想政治学科教学设计[M].广州:广东高等教育出版社,1999.

[12]李秀伟.新课程教学设计·初中思想品德[M].北京:首都师范大学出版社,2004.

[13]楼江红.初中思想品德教学案例专题研究[M].杭州:浙江大学出版社,2005.

[14]卢少军.中学德育课程与教学研究[M].济南:山东人民出版社,2004.

[15]李晓文,等.教学策略[M].北京:高等教育出版社,2000.

[16]刘文川.高中思想政治新课程教学设计与评析[M].北京:高等教育出版社,2008.

[17]刘丽群,石鸥.课堂讲授策略[M].北京:北京师范大学出版社,2010.

[18]李如密.教学艺术论[M].济南:山东教育出版社,2000.

[19]李稚勇.品德与生活、品德与社会课程与教学[M].北京:高等教育出版社,2006.

[20]李季湄.品德与生活教师指导用书[M].北京:北京师范大学出版社,2003.

[21]鲁洁.《品德与生活》《品德与社会》课程标准研制的基本思想[J].人民教育(增刊),2002.

[22]孟庆男,等.思想政治(品德)课程与教学论[M].北京:北京师范大学出版社,2011.

[23]彭阳.品德与生活教学实施指南[M].武汉:华中师范大学出版社,2003.

[24]邵瑞珍.教育心理学[M].上海:上海教育出版社,1997.

[25]盛群力.教学设计[M].北京:高等教育出版社,2005.

[26]万伟.新课程教学评价方法与设计[M].北京:教育科学出版社,2004.

[27]王立新.中小学德育课程教与学方式的研究与实践[M].北京:首都师范大学出版社,2006.

[28]王淑珍.普通高中思想政治课程标准教师读本[M].武汉:华中师范大学出版社,2005.

[29]王本陆.课程与教学论[M].北京:高等教育出版社,2006.

[30]谢幼如,李克东.教育技术学研究方法[M].北京:高等教育出版社,2006.

[31]徐惠英,张广宇.初中思想品德教学策略[M].北京:北京师范大学出版社,2013.

[32]谢树平.思想政治课课程教学新论[M].哈尔滨:黑龙江人民出版社,2002.

[33]张大均.教育心理学[M].成都:西南大学出版社,1997.

[34]张大均.教与学的策略[M].北京:人民教育出版社,2003.

[35]朱明光.《普通高中思想政治课程标准(实验)》解读[M].北京:人民教育出版社,2005.